(Hitler's Residence).
S.S. Admin.,

Aides (DIETRICH, etc).

SSOLINI, etc.).
ing Obersalzburg.
r Raid Control.

ren.

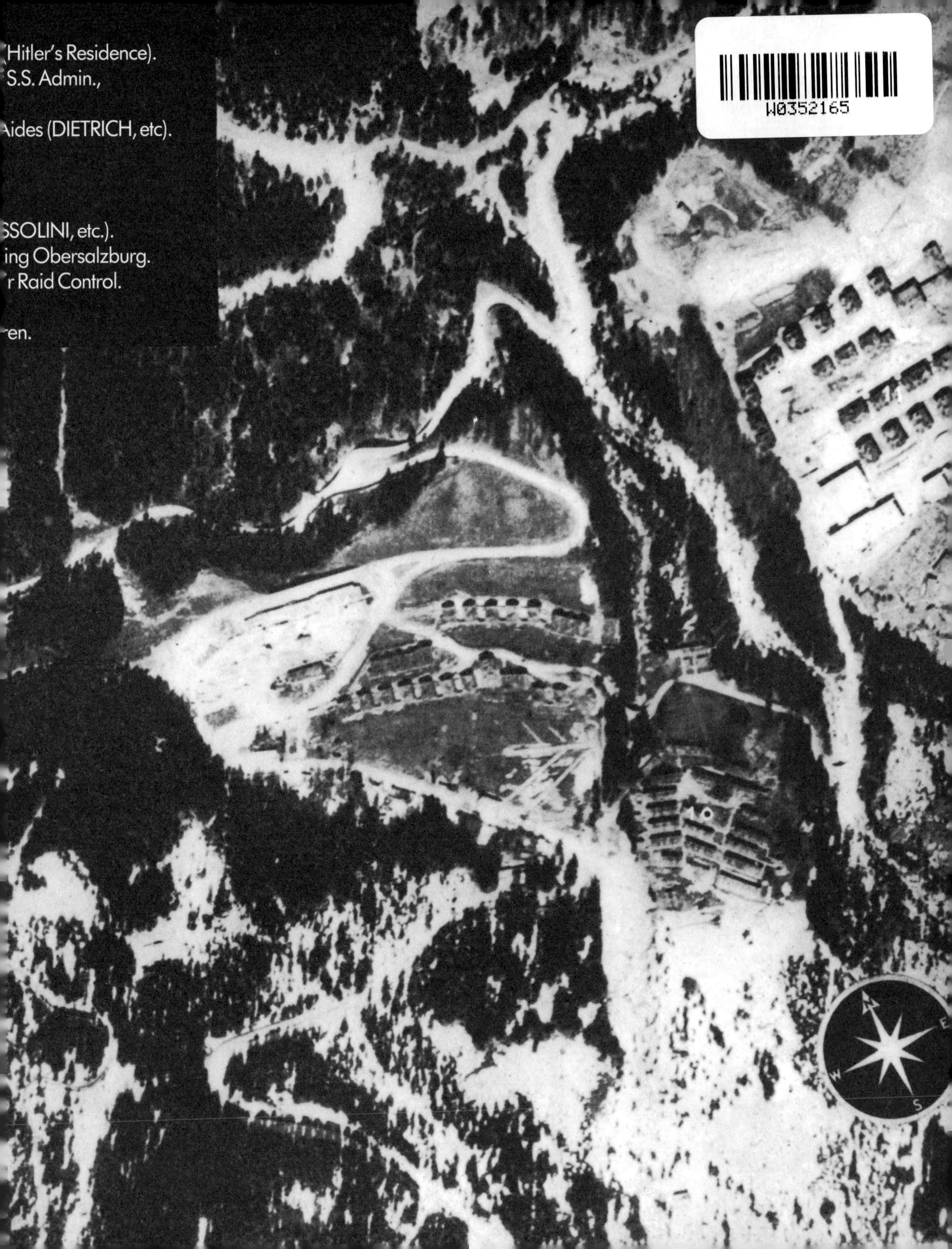

Ferdinand Schaffing

# Der Obersalzberg

# Ferdinand Schaffing

Aus den Archiven von
Ernst Baumann und Heinrich Hoffmann

Obe

Langen Müller

# Der
# rsalzberg
## Brennpunkt der Zeitgeschichte

# Inhalt

# Prolog

Der Obersalzberg – ursprünglich der Teil eines Berges, des Hohen Göll an der Grenze Bayerns zu Österreich im Berchtesgadener Land, 1000 m über dem Meer gelegen und jahrhundertelang von mehr schlecht als recht lebenden Bergbauern bewohnt. Sie wurden mit Grundstücken, die den Salzburger Bischöfen, später den Fürstpröpsten von Berchtesgaden gehörten, belehnt. In den sieben Monaten, die jährlich dort oben schneefrei sind, rangen sie dem kargen Boden das Notwendigste zum Überleben ab. Manche fanden eine vorübergehende Beschäftigung als Holzknechte, gelegentlich als Jagdgehilfen.
Die einsamen Steige, die ins benachbarte Tirol führen, wurden manchmal für den Salzhandel und -schmuggel begangen. Die industrielle Revolution des 19. Jahrhunderts und das damit aufkommende Bürgertum führten zur weiteren Besiedlung des ländlichen Gebietes. Wohlhabende Unternehmer, Künstler und Angehörige des bayerischen Adels errichteten vereinzelt schmucke Sommerhäuser im alpenländischen Stil.
Die zahlreich abgehaltenen Jagden des bayerischen Herrscherhauses führten zu einer weiteren Popularisierung des bisher von der Umwelt weitgehend abgeschnittenen Berchtesgadener Landes.
Mitte der 19. Jahrhunderts entstanden auf dem Obersalzberg nach und nach Gastwirtschaften mit einfach ausgestatteten Zimmern und einem bescheidenen Angebot der landesüblichen Küche.
Der damals einsetzende Wintersport belebte zusätzlich den idyllischen Obersalzberg.
Im Iahre 1877 eröffnete Mauritia Mayer einen Alpengasthof, den »Platterhof«. Bald wurde er zum Treffpunkt angesehener Persönlichkeiten aus Kunst und Kultur, Wirtschaft und Politik. Zu den Gästen Mauritia Mayers zählten Angehörige des deutschen und österreichischen Hochadels ebenso wie Clara Schumann, Johannes Brahms, Ludwig Ganghofer, der Eismaschinenfabrikant Prof. Carl von Linde, ein besonderer Förderer des beginnenden Fremdenverkehrs auf dem Obersalzberg, Peter Rosegger und der Dichter Richard Voss. Er war ein großer Verehrer von Mauritia Mayer und schrieb einen im späten 19. Jahrhundert sehr populären Roman »Zwei Menschen«. Die autobiographischen Züge sind unverkennbar.
Mit dem Bau einer Straße von Berchtesgaden auf den Obersalzberg wurde Mauritia Mayer zur Begründerin des Tourismus auf dem »Berg«.
Im Jahre 1920 besuchte auch ein Dr. Hofmann mit seinem jungen Freund Wolf des öfteren den »Platterhof«.
Trotz der immer schlechter werdenden wirtschaftlichen Verhältnisse im damaligen Deutschen Reich und damit auch in Bayern hatte der »Platterhof« immer noch eine Reihe illustrer Gäste. Zu diesen zählte auch Dr. Hofmann. Intelligent und lebensfroh, warf er gelegentlich mit Kraftausdrücken um sich.
Er war Dichter, Journalist und Herausgeber eines radikal antisemitischen Blattes – »auf gut deutsch« – und hatte sich einen Namen gemacht, als er den Roman Peer Gynt ins Deutsche übersetzte.
Seine gesellschaftlichen Verbindungen reichten vom Hause Wittelsbach bis hin zu extremen rechtsradikalen Kreisen in ganz Deutschland.
Sein Begleiter, Wolf, war ein schmächtiger, unbedeutend aussehender Mann Anfang Dreißig. In einem weißen Gesicht schienen die tiefblauen Augen in einem merkwürdigen Gegensatz zu den durchschnittlichen Gesichtszügen zu stehen. Und jeder, der mit dem leidenschaftlich redenden Herrn Wolf in Kontakt kam, war unwillkürlich von der Suggestion dieser Augen fasziniert.
Dr. Hofmann und Wolf unternahmen ausgedehnte Spaziergänge auf dem Obersalzberg und besuchten die wenigen Gasthöfe. Fast immer sprach Dr. Hofmann auf den Begleiter eindringlich ein, hörte sich seine Erwiderungen zustimmend nickend an. Am frühen Nachmittag kehrten beide in den »Platterhof« zurück. Unmittelbar nach dem Abendessen zog sich Wolf zurück, während Dr. Hofmann im Kreise seiner Bekannten bis spät in die Nacht hinein den größten Teil der Unterhaltung bestritt.
Dr. Hofmann war das Pseudonym von Dietrich Eckart und sein Begleiter hieß mit bürgerlichem Namen – Adolf Hitler. Beide hatten sich Tarnnamen zugelegt, weil sie fürchten mußten, wegen ihrer heftigen Agitation in München bis in die Einsamkeit der Bergwelt hinein verfolgt zu werden.
Es ist anzunehmen, daß Dietrich Eckart, der umfassende Kenntnisse und eine starke Bindung zur germanischen Mythologie hatte, Hitler auf den Namen Wolf brachte. Den Tarnnamen Wolf behielt Hitler noch lange bei. Er schien ihm sehr viel zu bedeuten, denn er verwendete ihn später auch für einige seiner Hauptquartiere während des Krieges: »Wolfsschlucht« in Bruly de Pêche, »Werwolf« bei Winniza und »Wolfsschanze« bei Rastenburg.
Dietrich Eckart beeinflußte Hitler in dieser Zeit ganz entscheidend. Er legte gewissermaßen den »wissenschaftlichen« Grundstein für Hitlers Antisemitismus. Außerdem lieferte er Hitler viele massenwirksame Schlagworte und Begriffe. Während seiner Besuche auf dem Obersalzberg entwickelte Hitler eine umfangreiche Werbetätigkeit für die junge Partei, in der er Werbeobmann war.
Bei der einheimischen Bevölkerung hatte er beachtlichen Erfolg. Im Gasthaus »Türken« auf dem Obersalzberg warb er mit großem rhetorischen Aufwand erfolgreich unter den einheimischen Bauern für seine Idee. Bald hielt er regelmäßig Veranstaltungen ab. Mit großem Geschick – vor allem wegen der einfachen und verständlichen Ausdrucksweise – trug er seine Thesen vor.
Hitler war niemals affektiert und vermittelte stets den Eindruck, genau über die Probleme, Sorgen und Wünsche seiner Zuhörer im Bild zu sein.
Die Bewohner des Obersalzberges waren damals besonders hart von der katastrophalen wirtschaftlichen Situation betroffen. Geldentwertung, sinkende Agrarpreise, mangelnde Kaufkraft und ungewisse Zukunftsaussichten bestimmten den Alltag. Im Laufe der Zeit versuchte Hitler seine Agitation auf den Kreis der Platterhof-Gäste auszudehnen. Die überwiegend bürgerlichen Gäste widerstanden Hitler jedoch größtenteils
Am 16. 4. 1920 war die erste Ortsgruppe der DAP in Rosenheim gegründet worden. Damit hatte die aufstrebende, radikale Partei den ersten Stützpunkt außerhalb Münchens errichtet. Vom 7. auf den 8. August 1920 tagten in Salzburg die Vertreter der nationalsozialistischen Parteien Österreichs, Polens und der CSR, um eine gemeinsame ideologische Plattform zu finden. Drexler und Hitler nahmen daran teil, ab 8. 8. 1920 hieß die Partei offiziell NSDAP.
In der Folgezeit besuchte Hitler mit seinen Freunden und Parteigenossen – Rudolf Heß, Ernst »Putzi« Hanfstaengl, Christian Weber – den Obersalzberg. Bei ihren Spaziergängen zum nahegelegenen »Türken« kamen sie immer wieder an einem hübschen, sehr schön gelegenen Haus vorbei. Dieses Haus, im

Besitz von Kommerzienrat Winter aus Buxtehude, hieß »Wachenfeld« und gefiel Hitler besonders gut.
Die einmalige Lage, mit dem Blick auf den gegenüberliegenden Untersberg und der Fernsicht bis ins Salzkammergut, faszinierte den Amateurarchitekten und Gelegenheitsmaler Hitler sehr. Noch 1942, bei einem Tischgespräch, kam Hitler auf die damaligen Eindrücke ausführlich zurück. Im Verlaufe seines Monologes führte er aus: »... hatte ich den Obersalzberg gleich liebgewonnen. Es war die schönste Zeit...«
Zu den landschaftlichen Reizen kam noch die mystische Bedeutung des Untersberges. Der Sage nach soll im Inneren Kaiser Barbarossa schlafend an einem Tisch sitzen. Alle hundert Jahre wacht er auf, fragt einen Diener »Fliegen die Raben noch um den Berg?« und fällt, wenn die Antwort ja ist, in einen weiteren hundertjährigen Schlaf. Wenn aber einmal die Raben nicht mehr um den Untersberg fliegen werden, tritt Kaiser Barbarossa aus dem Berg heraus, und das Tausendjährige Reich beginnt!
Auf die Frage eines Besuchers (in den dreißiger Jahren auf dem Berghof), ob er, Hitler die Sage und die Bedeutung des Platzes kennen, antwortete er: »Was glauben Sie, warum ich gerade hier wohne?«
Die katastrophalen wirtschaftlichen Verhältnisse, Folge des verlorenen Weltkrieges verschärften die politische Szene in Bayern und im Deutschen Reich. Radikale Parteien von links und rechts – zu denen die NSDAP Hitlers zählte – gewannen lokale und überregionale Bedeutung.
Hitler nutzte die politische Situation in München und Bayern für eine hemmungslose Agitation. Sein Feind stand immer links und war – jüdisch!
Seine Anhängerschaft reichte von oberbayerischen Holzknechten, Bauern, Kleingewerbetreibenden, Beamten, kleinen Angestellten bis hin zu ehemaligen Offizieren und großbürgerlichen Unternehmern. In München war er eine bekannte Größe, bald reichte seine Popularität über Bayern hinaus.
Für viele waren aufpeitschende, emotional vorgetragene Reden eine Offenbarung von einer besseren, schöneren Zukunft.
Hitler, der immer schon viel gelesen hatte und ein außergewöhnliches Gedächtnis besaß, vertiefte seine Kenntnisse der Rhetorik, aber auch der Massenpsychologie durch Erkenntnisse aus den Büchern von Le Bon, Gobineau u. a.
Wann immer er konnte, spannte er von seinen aufreibenden Redner- und Werbekampagnen auf dem Obersalzberg aus.
Das Jahr 1923 brachte in Deutschland eine Inflationrate, die alles bisher Dagewesene und Vorstellbare übertraf. Die radikalen Parteien rüsteten zum Sturm auf die ohnmächtige Republik. Hitler, dessen großes Vorbild der faschistische Duce, Benito Mussolini, war, plante eine ähnliche Aktion zum Sturz der Regierung, wie sie Mussolini 1922 mit Erfolg betrieben hatte.
Für Hitler, den erfahrenen Frontsoldaten und überzeugten Darwinisten war die demokratische Staatsform eine Entartung der Gesellschaft. Nur in einem autoritär geführten Staatswesen – wobei er für sich nur die Rolle des Trommlers in Anspruch nahm – könnte das deutsche Volk in Zukunft leben.
Seine ständig vorgebrachten Parolen vom Kampf ums Dasein, dem Fronterlebnis und der nach militärischen Grundsätzen aufgebauten neuen Ordnung hatten der Partei den Zulauf vieler ehemaliger Frontsoldaten gebracht. Sie bildeten ein schlagkräftiges Instrument zur Verbreitung der Thesen der NSDAP.
Daneben schützten die Sturmabteilungen (SA) genannten, militärisch organisierten und ausgebildeten Einheiten die Versammlungen der NSDAP. Sie warben neue Anhänger und störten die Versammlungen anderer Parteien – besonders die der Kommunisten und Sozialdemokraten.
Die Aufenthalte auf dem Obersalzberg beeinflußten Hitlers Gedanken wesentlich. Hier, in der Unmittelbarkeit einer grandiosen Natur, fand er seine darwinistische Lebensauffassung vom Kampf ums Dasein, vom Recht des Stärkeren, von der Auslese, voll bestätigt. Der Harmonie des Ganzen stand der unablässige Prozeß des Werdens und Vergehens im Kleinsten gegenüber.
Bei ihren gemeinsamen Spaziergängen, abendlichen Diskussionen und Werbekampagnen schmiedeten Hitler und seine Anhänger die Pläne für den beabsichtigten Sturz der verhaßten Regierung der »Novemberverbrecher« in Berlin.
Am 9. November 1923 war es soweit. Der Putsch endete mit einem totalen Fiasko für Hitler und seine Anhänger. Beim »Marsch zur Feldherrnhalle« in München starben 14 Mitkämpfer Hitlers durch Schüsse republiktreuer Sicherheitskräfte. Hitler flüchtete nach dem mißglückten Aufstand, wollte sich das Leben nehmen.

Mauritia Mayer, Besitzerin der »Pension Moritz«.
Die schöne, charakterstarke Frau inspirierte Richard Voss, einen im 19. Jahrhundert bekannten Dichter, zu seinem bekanntesten Roman »Zwei Menschen«.
Bereits 1873 hatte sie einen erfolglosen Versuch unternommen, sich auf dem Obersalzberg eine Existenz aufzubauen. Nach 4jährigem Aufenthalt bei Verwandten in Südtirol startete sie 1877 einen erneuten Versuch.
Vom Vater, der sich immer einen Sohn gewünscht hatte und die Tochter Moritz nannte, übernahm sie den Namen für die Pension, die 1877 gegründet wurde, und nannte das Haus »Pension Moritz«. Als sie in der Folgezeit das Anwesen vergrößerte, hieß die Gaststätte nach dem Hof ihrer Südtiroler Verwandten »Platterhof«.
◁

Die Sonnenterrasse des »Platterhof« gegen den Untersberg mit Lattengebirge. Die Aufnahme vermittelt einen guten Eindruck der gediegenen Gastlichkeit, die den Besucher des damals weithin berühmten und bekannten Gasthofes auf dem Obersalzberg erwartete.
Neben Wanderern kamen viele Angehörige des Bürgertums, Künstler und Mitglieder des höheren Adels aus den Königshäusern Bayerns, Preußens und dem benachbarten Österreich. ▷

Eine seltene Aufnahme von Mauritia Mayer vor dem Gasthof »Platterhof«. Sie verabschiedet ihre Gäste. Zu diesen zählten u. a. Clara Schumann, die berühmte Pianistin, für die ein Klavier auf den Obersalzberg gebracht wurde, der Dichter R. Voss, der Maler K. Waltenberger, L. Ganghofer. ▷

Dietrich Eckart (1868–1923), Literat – u. a. Übersetzer des Peer Gynt –, Dramatiker, glühender Antisemit und kokainsüchtiger Bohemien der Münchner Gesellschaft, war einer der »Entdekker« des stellungslosen, redegewandten Adolf Hitler.

▷

Das »Dietrich-Eckart-Zimmer«.
Es war der bevorzugte Aufenthaltsraum Dietrich Eckarts auf dem »Platterhof«. Nach dem Umbau des Hauses (1938–1940) wurde um diesen Raum herum das neue, wesentlich vergrößerte Hotel gebaut.

▽

Eckart ermutigte den rasch zum Parteivorsitzenden aufgestiegenen Hitler, eine radikale Lösung der Verhältnisse in München und im Deutschen Reich herbeizuführen.
Er – Eckart – dichtete auch ein »Kampflied« (Sturm, Sturm, Sturm), dessen Refrain zum Glaubensbekenntnis der Sturmabteilungen (SA) der nunmehr NSDAP genannten »Bewegung« wurde: »Deutschland erwache«! Dieser Spruch befand sich bald auf den ersten Standarten, den römischen Feldzeichen nachempfundenen Fahnen der SA. Das Hakenkreuz als Symbol der »Bewegung« wählten ebenfalls Hitler und Eckart gemeinsam.

Das »Dietrich-Eckart-Haus« – eine Aufnahme aus dem Jahre 1942. Nach dem mißglückten Putsch vom 9. 11. 1923, den er als Zuschauer erlebte, flüchtete Eckart schwerkrank auf den Obersalzberg. Am 25. 12. 1923 starb er und wurde unter pompösen Begräbnisfeierlichkeiten auf dem Berchtesgadener Friedhof beigesetzt. Hitler befand sich bereits in Haft.
Das Haus wurde in den dreißiger Jahren von Martin Bormann für die NSDAP erworben und war zeitweilig Unterkunft für mehr oder weniger prominente NS-Größen. ▽

№ 531
A 224
Morgen-Ausgabe

Berlin

Freitag, 9. November 1923

# Vossische Zeitung

30 Milliarden

Gegründet 1704

Berlinische Zeitung von Staats- und gelehrten Sachen

Die Vossische Zeitung erscheint wöchentlich zwölfmal; Sonntags mit der illustrierten Beilage „Zeitbilder" Sonstige Beilagen: Finanz- und Handelsblatt mit Kurszettel der Berliner Börse und amerikanischem Funkdienst, Umschau in Technik und Wirtschaft, Literarische Umschau, Recht und Leben, Turnen-Sport-Spiel, Für Reise und Wanderung.

Wöchentlich 75 Milliarden Mark durch Boten. Postbezugspreis und Streifbandsendungen frei bleibend. Bei Ausfall der Lieferung wegen höherer Gewalt oder Streik kein Anspruch auf Rückzahlung. Anzeigen: Grundpreis 30 Pfg mal Schlüsselzahl 90 Milliarden. Familienanzeigen 5 Pf. mal halber Schlüsselzahl. Keine Verbindlichkeit für Aufnahme in bestimmte Nummer

Verlag Ullstein. Chefredakteur Georg Bernhard. Verantw. Redakteur (m. Ausnahme d. Handelst.): Carl Misch, Berlin. Unverlangte Manuskripte werden nur zurückgesandt, wenn Porto beiliegt.

Verlag und Schriftleitung: Berlin SW 68, Kochstr. 22-26

Fernsprech-Zentrale Ullstein Amt Dönhoff 3600 — 366 für den Fernverkehr Amt Dönhoff 3686 — 3695 Telegramm-Adresse Ullsteinhaus Berlin. Postscheckkonto Berlin 66

## Hitler-Umsturz in München.

### Hitler ruft sich zum Reichschef aus und proklamiert Kahr zum bayerischen Landesverweser. Knilling und Schweyer verhaftet. / Ludendorff übernimmt Leitung der „deutschen Armee".

### Das neue November-Verbrechen.

In München ist gestern nacht eine Gegenregierung

Hitler richtete an die Versammelten, unter denen sich zahlreiche Offiziere befanden, die Anfrage, ob sie mit diesen Vorschlägen einverstanden seien, was mit großem Beifall bejaht wurde. Daraufhin wurden die von Hitler genannten Persönlichkeiten in den Saal geführt. Kahr, Ludendorff und Pöhner erklärten sich in kurzen Ansprachen zur Uebernahme ihrer Aemter bereit.

Marxismus und 2. ihre geistige Fesselung an die national[e] Staatsgemeinschaft. Der Marxismus sei eine geistige Bew[e]gung. Er habe sich mit dem Mittel der Massenführung von de[n] kleinsten Anfängen zu einer scheinbar unerschütterlichen Herr[]schaft über Millionen Deutscher emporgerungen. Der Grund, de[n] den Fehlschlag des Marxismus in der angelsächsischen Welt un[d]

◁
Es ist soweit! Am 9. November 1923 – dem Jahrestag der Ausrufung der Republik in Deutschland – versucht Hitler mit Hilfe seiner Gefolgsleute einen Putsch.

▷
Hitler nach dem Urteil des Münchner Landgerichts zu 5 Jahren Festungshaft (in Landsberg/Lech) verurteilt, liest in seiner Zelle. Er ist unbestritten der »Führer« der mit ihm einsitzenden Putschgenossen.

# 1924 - 1933

Der gescheiterte Revolutionär Hitler hatte das Jahr 1924 scheinbar unbeschadet überstanden. Nach dem mehr als milden Urteil im Hochverratsprozeß verbüßte er nur einen ganz geringen Teil der 5 Jahre – nämlich genau 9 Monate – in Landsberg/Lech. Die Haftbedingungen waren für damalige Verhältnisse geradezu modern zu nennen. Hitler konnte fast ungestört Besuche empfangen, brauchte keine Arbeit zu verrichten und durfte lesen, was er wollte.
In seinem Buch »Mein Kampf« bezeichnete er später diese Zeit als »Hochschule auf Staatskosten«.
Von seiner Zelle aus versuchte er auch, die mehr und mehr zerstrittenen Parteiführer, die den Putsch vom 9. 11. 1923 in Freiheit überlebt hatten, auf seiner Linie zu halten.
Offiziell war die NSDAP wegen des Putsches verboten worden. Die Gefolgsleute Hitlers gründeten daraufhin »völkische« Verbände und Bünde. Die zunehmende Stabilisierung der wirtschaftlichen Lage im Deutschen Reich führte aber dazu (in Verbindung mit der Abwesenheit Hitlers vom Tagesgeschehen), daß sich die Nachfolgeorganisation der NSDAP nicht zuletzt der Querelen der einzelnen Parteiführer wegen im klaren Abwärtstrend befand.
Es zeigte sich mehr und mehr eine der wesentlichen Schwächen der neuen »Bewegung«: die radikale Ausrichtung gegen alles und alle, die nicht antisemitisch, antirepublikanisch und antidemokratisch waren, konnte nur durch eine dynamische, fanatische Persönlichkeit vom Schlage Hitlers erfolgreich geführt werden! Jeder Versuch – wie etwa der Gregor Strassers, des begabten Organisators, die »Bewegung« in eine ideologisch fixierte Partei zu fassen, blieb erfolglos. Die NSDAP blieb eine Bewegung, deren Philosophie die des Kampfes an sich war.
Das Ziel war nicht nur die Veränderung bestehender Zustände und Mißstände, sondern die Macht selbst.
Hitler hatte aber auch eine entscheidende Erkenntnis in der Zeit der Landsberger Haft erhalten: ein Umsturzversuch konnte nur auf breitester Basis mit Hilfe der Machtträger des Staates (der Beamtenschaft, der Polizei, des Militärs) erfolgen.
Hitler kehrte immer wieder auf den Obersalzberg zurück und verbrachte viele Stunden bei Wanderungen und Gesprächen sowie der Korrektur des Manuskriptes für »Mein Kampf«.
Am 18. 7. 1925 erschien der erste Band des Buches. Zunächst war der Erfolg eher mäßig.
Hitler, der in den meisten Ländern Redeverbot hatte, nutzte diese Zwangspause seiner wirksamsten Waffe im politischen Alltagskampf, indem er die Partei nach der offiziellen Wiedergründung im Februar 1925 organisatorisch neu festigte. Das »Führerprinzip« war seit der offiziell anerkannten Diktatur Hitlers innerhalb der NSDAP ein Dogma. Hitler ernannte die Gauleiter, die in einem großen Gebiet im Deutschen Reich für die gesamte Parteiarbeit zuständig waren. Diese ernannten ihre Stellvertreter und waren nur Hitler selbst verantwortlich.
Neben der Parteiorganisation – zu der auch eine umfassende, allgemeine Rednerausbildung aller Parteiführer gehörte – widmete sich Hitler verstärkter Propagandatätigkeit und dem weiteren Ausbau der SA. Sie war und blieb bis zum Jahre 1933 die treibende Kraft in der Durchsetzung nationalsozialistischer Ideen, Kundgebungen und vor allem des uneingeschränkten Straßenkampfes.
Der »Kampf um die Straße«, das demonstrative Aufmarschieren Hunderter und Tausender Anhänger einer Partei war in der Zeit der Weimarer Republik ein wesentliches Merkmal parteipolitischer Agitation. Alle Parteien – demokratische wie antidemokratische – präsentierten sich in spektakulären Kundgebungen, die meistens in Straßenschlachten endeten.
Im Jahre 1925 erfolgte – von der Öffentlichkeit, selbst vom Großteil der NSDAP-Anhänger unbemerkt – die Gründung einer weiteren Kampforganisation: der Schutzstaffel, der SS. Ursprünglich als rein defensive Organisation zum Schutze der hohen Parteiführer gedacht, entwickelte sie sich im Laufe der nächsten Jahre unmerklich, bis sie ab 1933 nach einem nahezu kometenhaften Aufstieg an Bedeutung gewann. Ihr erster Führer war Julius Schreck, gelegentlich Hitlers Chauffeur, später der ehemalige Führer des »Stoßtrupp Hitler«, Berchtold, dann der SA-Führer Heiden, ab 6. 1. 1929 der weithin unbekannte Heinrich Himmler. Mit seinem Namen ist die Geschichte des Dritten Reiches unrühmlich und unlösbar verbunden.
Die SS war von Anfang an eine Eliteeinheit von ausgesuchten, freiwilligen Parteigängern. Anfangs unterstand sie der SA-Führung, ab 30. 6. 1934 wurde sie eine selbständige Organisation.
Hitler hatte bei seinen Besuchen auf dem Obersalzberg immer wieder das schmucke Haus »Wachenfeld«, unterhalb des Hotels »Türken« gelegen, bewundert. Eines Tages erfuhr er, daß das Haus vermietet werden sollte.
Er mietete rasch entschlossen das kleine Anwesen und übertrug die Haushaltsführung seiner Halbschwester Angela Raubal. Mit den Einkünften aus »Mein Kampf« und den Honoraren, die er für Artikel in der »völkischen« Presse erhielt, bestritt er die Kosten.
Zum »Inventar« gehörten auch drei Hunde, die Hitler sehr mochte. Bei seinen Besuchen auf dem Obersalzberg – immer mit kleinem Gefolge – führte er die Hunde stets mit, eine Eigenart, die er bis zum 14. 7. 1944, seinem letzten Tag auf dem Obersalzberg, beibehielt.
In den Jahren von 1926–1930, den sogenannten »Goldenen Zwanzigern«, war Hitler sehr oft auf dem Obersalzberg. Teils wegen der verordneten Zwangspause als Redner, teils weil er 1930 das Haus endgültig gekauft hatte und einige Veränderungen vornehmen ließ. Das Mobilar wurde erneuert und modernisiert.
Das Haus »Wachenfeld« diente oft für Besprechungen mit Gefolgsleuten wie Heß, der ihn immer begleitete, Strasser, Pfeffer v. Salomon, Göring sowie mit Gauleitern, dem Fotografen Hoffmann und sehr oft auch privaten Unterhaltungen. Ein oft gesehener Gast war damals auch Ernst »Putzi« Hanfstaengl, der Hitler oft stundenlang auf dem Klavier Wagner vorspielte.
Die Jahre bis zur Weltwirtschaftskrise mit ihren erschütternden Auswirkungen nutzte Hitler zum entschlossenen weiteren Ausbau der Parteiorganisation. Sie wurde für die Machtübernahme vorbereitet. Umfangreiche rhetorische Schulungen von den höchsten bis zu den unteren Parteichargen, verstärkte Agitation der SA und SS sowie der zwischenzeitlich entstandenen weiteren Unterorganisationen (Studentenbund, Lehrerbund, Kraftfahrerkorps, HJ) und die Gewinnung neuer Mitglieder hielten die gesamte Bewegung in Schwung.
Der unermüdliche Organisationsleiter Gregor Strasser, die spektakulären Auseinandersetzungen mit den politischen Gegnern und die straffe militärisch organisierte Führung des gesamten Parteiapparates schufen die Voraussetzung für die erhoffte Machtübernahme. Das öffentliche Echo auf die Bemühungen Hitlers und seiner Gefolgsleute hielt sich, betrachtet man die

Wahlergebnisse von 1925–1930, in Grenzen. Die entscheidende Wende trat mit den Auswirkungen der Weltwirtschaftskrise nach dem »Schwarzen Freitag«, im Jahre 1930 ein.
Mittlerweile hatte Hitler in fast allen Ländern des Reiches wieder Redeerlaubnis. Mit einfachen Worten, permanenten Wiederholungen seiner wichtigsten Argumente und der Verheißung einer wahren Volksgemeinschaft, gewann Hitler zunehmend jugendliche, intellektuelle und mittelständische Anhänger. Darüber hinaus benutzte er alle Hilfsmittel der modernen Technik zur Durchsetzung seiner Propaganda: Er charterte ein Flugzeug (Ju 52), um für die bevorstehenden Reichstagswahlen im September 1930 an möglichst vielen deutschen Orten auftreten zu können. Sein erster sogenannter Deutschlandflug wurde ein triumphaler Erfolg.
Jetzt erwiesen sich die mühsame Kleinarbeit, das jahrelange mit großem Aufwand betriebene Indoktrinierungsprogramm seiner Anhänger und der konsequent betriebene militärische Ausbau der SA als effizient. Die Parolen Hitlers und seiner Anhänger rissen einen Großteil der unschlüssigen, zaudernden und skeptischen Wähler förmlich mit. Im September 1930 wurde die NSDAP zweitstärkste Partei im Deutschen Reichstag und war ab diesem Moment eine ernstzunehmende Größe im politischen Kalkül.
Hitlers Gefolge hatte mit wachsender Bedeutung der NSDAP ebenfalls zugenommen. Neben seinen früher überwiegend privaten Begleitern wie Hoffmann und Hanfstaengl waren infolge der immer hektischer werdenden Ereignisse mehr und mehr politische Funktionäre in seinen nächsten Umkreis gekommen: Adjutanten wie die Putschteilnehmer Brückner und Schaub, der Kommandant der Leibwache Sepp Dietrich, Max Amann, Otto Dietrich u. v. a.
Daneben umgab sich Hitler gerne mit Frauen, denen er in betont bürgerlich-konservativer Form – Handkuß, ausgesuchte Höflichkeit, ja Schwärmerei – begegnete. Bei seinem Fotografen Hoffmann, einem Anhänger aus den ersten Tagen, hatte er eine junge Angestellte kennengelernt: Eva Braun. Sie gefiel ihm wegen ihrer Natürlichkeit und vor allem deswegen, weil sie nie versuchte, Einfluß auf irgendwelche politischen Entscheidungen zu nehmen. Ja, sie kümmerte sich überhaupt nicht um seine politischen Ambitionen und hatte keinerlei gesellschaftlichen Ehrgeiz. Ihr Verhältnis zu Hitler, der über 20 Jahre älter war und niemals die Absicht hatte, sie für längere Zeit an sich zu binden, dauerte schließlich bis zum Ende durch Selbstmord am 30. 4. 1945.
Aus dem Provinzpolitiker, rechtsradikalen Scharfmacher und oftmals belächelten »Nazi-Feldprediger« war eine bedeutende politische Größe im Deutschen Reich geworden.
Und weil die NSDAP völlig nach dem »Führerprinzip« geformt war, richtete sich das Augenmerk aller zunächst auf Hitler. Er war die Partei, er war der alleinige Repräsentant dieser Bewegung. So gingen auch einige für die NSDAP unerfreuliche Querelen um die weitere politische Marschrichtung aus wie das Hornberger Schießen. Die Stennes-Krise war ebenso glatt erledigt worden wie die Ablösung des SA-Führers Pfeffer. Die SA unterstand wieder Hitler allein, die Partei repräsentierte das ungeduldig dahinstürmende Potential des größten Teils der deutschen Jugend und des Mittelstandes.
Hitler trat 1932 zur Wahl des Reichspräsidenten gegen Paul von Hindenburg an und verlor erwartungsgemäß. Allerdings waren 2 Wahlgänge notwendig. Hitler erhielt immerhin im ersten Wahlgang über 13 Millionen Stimmen. Mehr denn je hatte er sich in Szene gesetzt und seinen Anspruch auf eine Machtposition bekräftigt. Hindenburg hatte Hitler den Posten eines Reichspostministers angeboten, dann den eines Vizekanzlers, aber er lehnte beharrlich ab.
Er wußte, daß seine Stunde kommen würde. Die Staatsverdrossenheit des überwiegenden Teils der deutschen Bevölkerung war angesichts der schier aussichtslosen wirtschaftlichen Lage evident. Sie begünstigte mehr die radikalen Parteien von links und von rechts. Hitler verstand es geschickt, die Gefahr von links drastisch aufzuzeigen. Die demokratischen Parteien waren unfähig, sich seinen Argumenten erfolgreich zu widersetzen, eine Solidarität der demokratischen Kräfte war wegen des virulenten klassenkämpferischen Denkens nicht möglich.
Im Januar 1932 hatte Hitler vor dem Industriellenklub in Düsseldorf vor ausgesuchten Vertretern der deutschen Wirtschaft eine bemerkenswerte Rede gehalten. Sie überzeugte die Anwesenden so sehr, daß sie die von Hitler geführte Bewegung nunmehr auch finanziell unterstützten.
Mit dem 30. Januar 1933 – dem Tag der Ernennung Hitlers zum Kanzler des Deutschen Reiches – begann die vorerst letzte Epoche des Deutschen Reiches.

Die Abbildung zeigt einen Einband-Entwurf Hitlers für sein Buch, das ursprünglich »Die Germanische Revolution« heißen sollte, und eine von Hitler handschriftlich korrigierte Seite.
◁

die Krone. Und wie wurde damals
...assungsbruch, als Hochverrat. Die
junkerlichen Hochverräter. ... hat
wäre wohl auch ...
t aus dieser Tat heraus ...
seiner Einigung gelangt und ...
Kanzler ... unter Zustimmung aller
deutschen Stämme dem Könige die Deutsche Kaiserkrone aufs Haupt gesetzt
... hätte. Und das, was das kleine
Brandenburg einst im Kampfe gegen das Erzhaus Habsburg ...
nämlich die Vorbereitung der Einigung aller deutschen Stämme, ... ist
im Zusammenschluss zum Deutschen Kaiserreiche aus jener ...
Tat geworden. Und wenn wir einen neueren Staatsstreich ins Auge fassen,
so erinnere ich an das Verhalten von Kemal Pascha erinnern, der sich
selbst über die heilige Gewalt des Oberhauptes der Mohamedanischen Reli-
gion hinweggesetzt hat und der Türkei durch seinen Staatsstreich eine
nationale Regierung gebracht hat. Die Tat Kemal Paschas ist letzten
Endes legalisiert worden durch die ... der Freiheit für sein
türkisches Volk, eine Tat würde Hochverrat gewesen sein, so aber war sie
zum Segen für den Osmanen... Und was zeigt uns das Beispiel Musso-
linis ? Hat er nicht sich bis aufs Aeusserste eingesetzt ...
... Italiens seit der Zeit alle nationalen Elemente ge-
sammelt waren und durch seinen Marsch nach Rom dem König und dem Staat
Ansehen und Freiheit gewährt, indem er die ... vom Marasmus ...
... Ich frage nun: Wie war denn eigentlich die Lage in Deutsch
land 1918? Keineswegs war die Verelendung und Erkrankung des Volkes ...
eine derartige, dass eine Revolution als Naturnotwendigkeit hätte emp-
funden werden müssen. Das alte Preussen und das ehemalige Reich war ohne
Zweifel der am saubersten verwaltete Länder der ganzen Welt. ...
... Kein Staat verfügte über eine so ehrenhafte ... Beamten
schaft, wie das alte Deutschland, kein Volk besass eine Armee, in der
höchste Ehrenhaftigkeit zur Tradition geworden war. Und wie innen so
auch nach aussen. 26 Staaten haben sich bemüht, dieses Reich zu ...

Hitler nutze die Zeit der Festungshaft zur Niederschrift eines für seine Anhänger programmatischen Buches. Seinem treuen Mitgefangenen Rudolf Heß diktiert er in den Monaten der Haft im typischen Redestil seine Gedanken, korrigierte das Manuskript und verlas einzelne Passagen gelegentlich der Zusammenkünfte der inhaftierten Putschisten in der Landsberger Zelle.
◁

Hitler und Rudolf Heß in der Festungshaft. Rudolf Heß war von Anfang an Hitlers treuester Gefolgsmann.
Heß hatte hervorragende Beziehungen zu Studenten der Münchner Universität. Außerdem verband ihn eine tiefe Freundschaft zu dem angesehenen Geopolitiker, Prof. Karl Haushofer. Haushofers Ideen flossen durch Vermittlungen von Heß in das Gedankengut Hitlers ein - viele spätere Entscheidungen entsprangen seinem geopolitischen Denken.

Nach seiner Entlassung aus der Festungshaft in Landsberg (Dezember 1924) arbeitete Hitler neben dem Wiederaufbau der mittlerweile zerfallenen NSDAP weiter an seinem Buch »Mein Kampf«. Während die bisherigen Ausführungen alle möglichen Themen (von »Im Elternhaus« bis »Die erste Entwicklungszeit der NSDAP«) behandelten, widmete sich Hitler nunmehr weltanschaulichen und parteihistorischen Themen (»Weltanschauung der Partei« bis »Notwehr als Recht«).
Die Gedanken zu diesen Kapiteln entstanden zu einem wesentlichen Teil bei ausgedehnten Spaziergängen, allein oder in Begleitung seiner Mitkämpfer, auf dem Gebiet des Obersalzberges. Häufig kehrte Hitler dabei in einem kleinen Holzhaus, oberhalb des »Platterhofes« gelegen, ein und schrieb dort.
Das Holzhaus stand bis zur Bombardierung des Obersalzberges am 25. 4. 1945 und wurde allgemein »das Kampfhäusl« genannt. ▽

Hitler auf dem Obersalzberg. Bei seinen ausgedehnten Spaziergängen – oft auch in Begleitung von Verehrerinnen – lernte er auch das Haus »Wachenfeld« kennen.
◁

△
Zu seinen Hunden – Geschenke von Parteifreunden und Verehrern – hatte Hitler eine echte Zuneigung. Hier eine Abbildung seiner drei Schäferhunde Muck, Wolf und Blondi. Hitler nutzte jede freie Minute, um mit seinen Hunden zusammenzusein.

Das Haus »Wachenfeld« des Kommerzienrates Winter, wie es Hitler auf seinen Spaziergängen mit Dietrich Eckart, Freunden und Verehrern Anfang der 20er Jahre kennen- und liebenlernte. Als er erfuhr, daß das Haus zur Vermietung frei war, nutzte er sofort die Gelegenheit und mietete es auf den Namen seiner Halbschwester Angela Raubal.
Das Bild entstand am Tage der Unterzeichnung des Mietvertrages. Der kleine Junge im Vordergrund war der Sohn des späteren »Leibfotografen« Hitlers, Heinrich Hoffmann. ▽

◁ Hitler und sein damaliger engster Vertrauter, Rudolf Heß, im Haus »Wachenfeld«. Heß war einer der ersten Gefolgsleute Hitlers (seit 1920) und sicherlich der einzige Vertraute in politischen und auch privaten Angelegenheiten. Er war unter anderem Mitglied der »Thule-Gesellschaft« und brachte Hitler mit einflußreichen Leuten der Münchner Gesellschaft in Verbindung. Später wurde Heß »Stellvertreter des Führers«.

Hitler während einem seiner Spaziergänge auf dem Obersalzberg mit seinem Schäferhund. Hier, in der unberührten Bergwelt, entspannte er sich und bereitete die nächsten Aktionen vor. Der Obersalzberg war sein privates und später zunehmend auch politisches Refugium. ▽

Hermann Esser. Er war Gründungsmitglied der Deutschen Arbeiterpartei (DAP), in die Hitler als Spitzel der Reichswehr im Jahre 1919 eintrat. Esser war ein rabiater Antisemit, berüchtigter Schläger und rücksichtsloser Agitator. Er war einer der wenigen Duzfreunde Hitlers. Bis 1933 spielte er im Münchener und oberbayerischen Raum eine wesentliche Rolle in der NSDAP. ▷

Alfred Rosenberg. In Reval geboren, studierte er zu Beginn des Ersten Weltkrieges in Moskau. Noch während des Studiums bekannte er sich zum Kommunismus. Als er die Auswüchse der neuen Weltanschauung in Rußland und später in seiner Heimat kennenlernte, wandelte er sich zum glühenden Antikommunisten.
Über die »Thule-Gesellschaft« in München lernte er Hitler kennen. ▷

Nach dem fehlgeschlagenen Münchner Putschversuch im November 1923 war es ihm in der von der Reichsregierung und vielen Landesregierungen auferlegten Redepause gelungen, seine Parteiorganisation mehr und mehr zu festigen und für die Übernahme der staatlichen Macht vorzubereiten.
Sein größtes Talent – die demagogische Rednergabe, der sich nur wenige Menschen entziehen konnten – konnte er von 1929 an wieder im ganzen Reichsgebiet voll einsetzen.
Hitler lebte sich in seine Auftritte so hinein, daß er nach seinen Reden manchmal in Erschöpfungszustände verfiel.
Beim Verlassen des Saales wollte ihn ein Reporter interviewen. Ein Mann aus der Begleitung hielt den Reporter mit den Worten »Sehen Sie denn nicht, dieser Mann ist fertig!« von seinem Vorhaben zurück.

Hitler unmittelbar beim Verlassen einer Kundgebung, Ende der 20er Jahre. ▷

◁ ▷
Hitler, bereits unangefochtener »Führer« der NSDAP, Ende der zwanziger Jahre in typisch süddeutschem Habitus.

Bei der Wahl seiner »zivilen Kleidung« war er anfangs nicht sehr wählerisch. So entstanden Aufnahmen, die ihn mit einem Veloursbut, einer alten, abgetragenen Windjacke, Bundhosen, Strümpfen und groben Schuhen zeigten.
Doch niemals ließ er sich etwa in einem Hausrock aufnehmen. Wegen seines empfindlichen Teints mußte er später immer eine Kopfbedeckung tragen. In Zivil trug er dann meistens einen eher unförmigen Hut oder in Uniform die bekannte große Mütze.
In den Jahren, als diese Aufnahmen entstanden, trug er bei Auftritten als Redner meistens Braunhemd mit Armbinde. Krawatte, Breecheshosen und große Stiefel. Noch in der Anfangszeit seiner Kanzlerschaft konnte man in einem Stiefel eine Hundepeitsche stecken sehen.

Auf dem Obersalzberg spannt Hitler aus. In seiner Begleitung die Nichte Geli, Tochter seiner Halbschwester Angela Raubal.
▽

◁▷
Die beiden Abbildungen vermitteln allerdings nur einen vagen Eindruck von der Vielseitigkeit Hitlers. So wie er in seiner Rhetorik vom »zornigen jungen Mann« mit einem eher brutalen und durchweg emotionalen Vokabular zu einer gemäßigteren, in Tonfall und Gestik stets auf seine Zuhörerschaft abgestimmten, verständlichen Redeweise überging, paßte er sein Aussehen mehr und mehr seinen jeweiligen Zuhörern an.

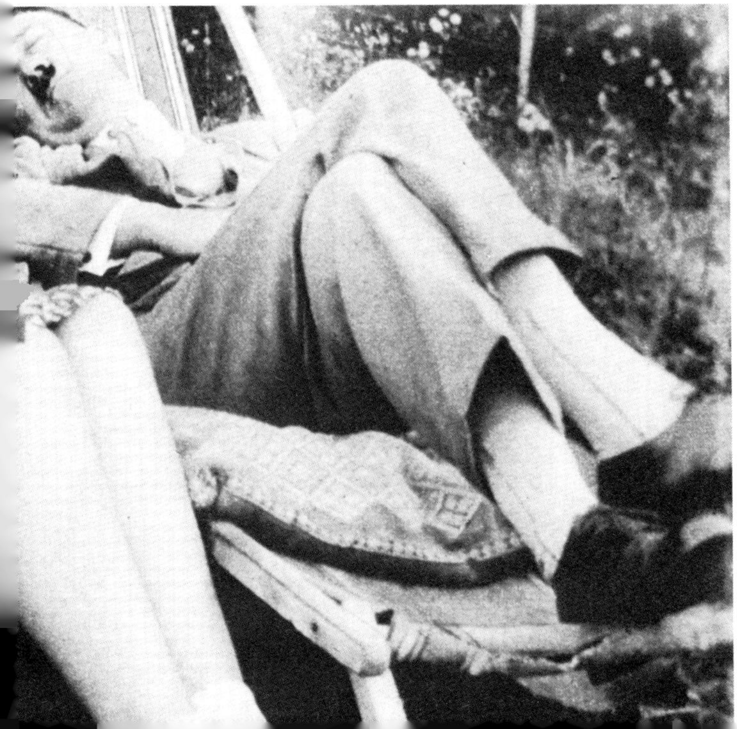

△
Geli Raubal mit den Hunden Hitlers vor dem Haus »Wachenfeld«.

◁
Sooft es seine Zeit erlaubte, zog sich Hitler in das gemütliche Landhaus »Wachenfeld« zurück. Es diente ihm aber nicht nur zur privaten Erholung und Entspannung. Mit dem wachsenden Erfolg der »Bewegung« im Deutschen Reich versammelten sich oftmals die von Hitler eingesetzten Unterführer der NSDAP und ihrer Formationen in seinem Landhaus.
Hitler war ein jovialer Gastgeber, und alle fühlten sich bei ihm wohl.

◁
Das Bild zeigt Hitlers Halbschwester Angela Raubal, die seit 1927 den Haushalt auf Haus »Wachenfeld« führte und ihre Tochter, die von Hitler verehrte »Geli«.

Ein Bild aus den zwanziger Jahren. Hitler ließ sich schon damals gerne mit Kindern fotografieren.
Neben Hitler sein Mitkämpfer aus der ersten Zeit der DAP und Kampfgefährte Brückner. Er war im Ersten Weltkrieg Oberleutnant und avancierte unter Hitler zu dessen Adjutant. Vorübergehend führte er auch Hitlers Privatangelegenheiten auf Haus »Wachenfeld«, wurde aber am 18. 10. 1940 aufgrund einer Intrige, von Hitler entlassen. ▷

Ein typisches Plakat der NSDAP zur Wiedergründung der Partei am 27. 2. 1925. ▷
Hitler hatte während seiner Haft im Gefängnis von Landsberg/Lech an Einfluß auf die NSDAP verloren. Es zeigte sich, daß der treibende Motor – wegen einer fehlenden Ideologie – ausschließlich Hitler war.
An diesem Tag wurde auch ein wesentliches Element der Präsentation der NSDAP angenommen: das sogenannte Braunhemd. Nach diesem bekamen die Anhänger der NSDAP ihren Spitznamen (die »Braunen«). Es handelte sich um ein Uniformhemd, das ursprünglich für die Schutztruppe des Deutschen Reiches – vor 1918 – in den afrikanischen Kolonien bestimmt war.
Am 27. 2. 1925 wurde auch die SS (Schutz-Staffel) gegründet. Erster Führer war Hitlers Chauffeur Julius Schreck, später der Führer des Stoßtrupps (Teilnehmer am mißglückten Putsch 1923) Berchtold und ab 1927 Heiden. Am 6. 1. 1929 ernannte Hitler den weithin unbekannten Heinrich Himmler zum »Reichsführer SS«.

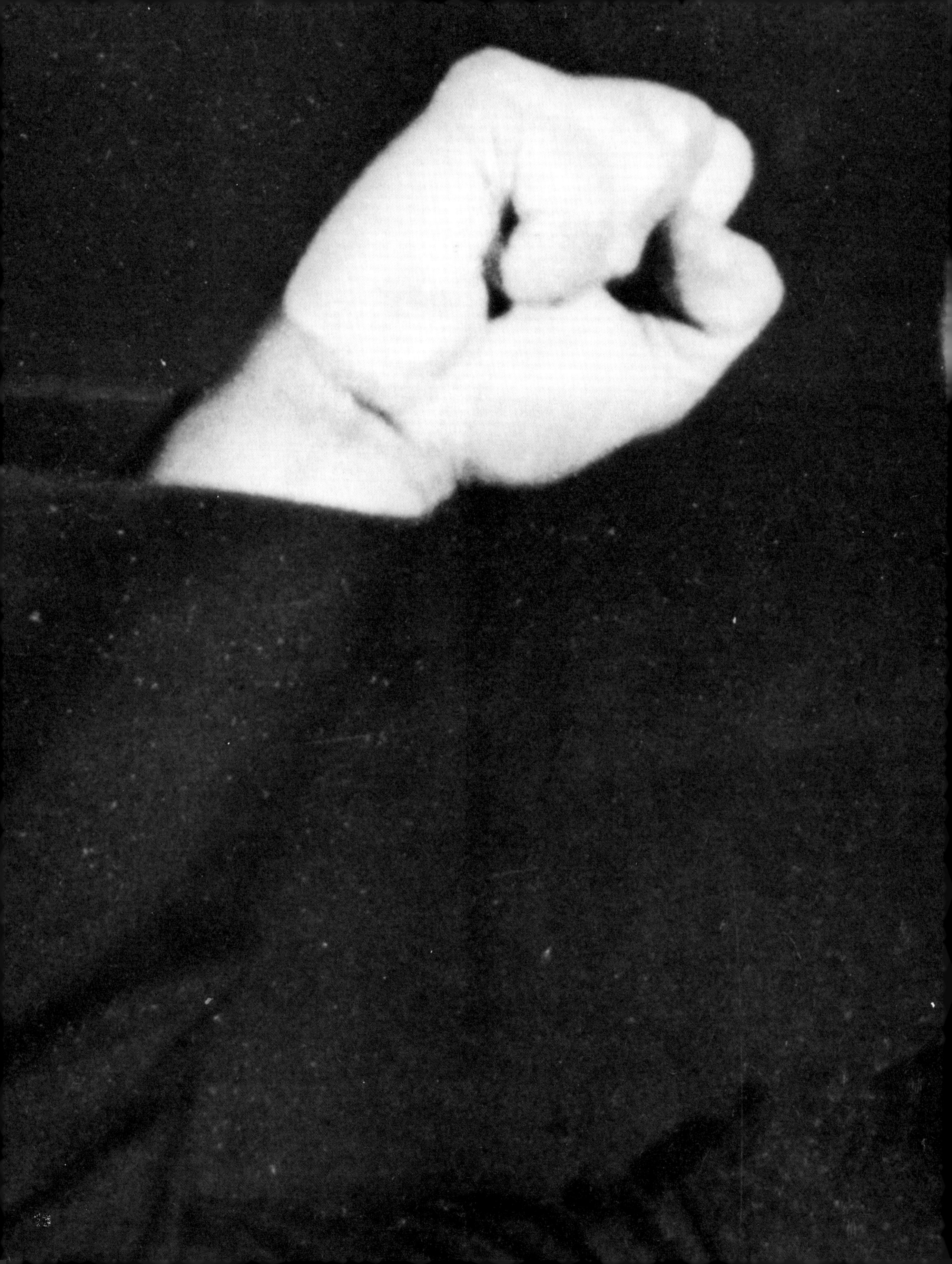

◁◁ Abb. Seite 30 und 31:
Hitler in einer für ihn typischen Rednerpose. Die Aufnahme entstand im Atelier Hoffmann. Hitler übte seine Reden stets lange vor dem Auftritt ausführlich vor einem Spiegel. Jede seiner Gesten war genau überlegt.

◁ Eine typische Erscheinung Anfang der 30er Jahre. Deutschland hatte infolge des wirtschaftlichen Zusammenbruches 6 Millionen Arbeitslose. Verzweifelt versuchten die aus allen Bevölkerungs- und Berufsschichten stammenden Erwerbslosen Arbeit – auch für Stunden und Tage – zu finden. Sie bildeten bald den Bodensatz der extremen Parteigruppierungen in der untergehenden Weimarer Republik.

Hitler mit seiner Freundin, Eva Braun. Nachdem er sie bei einem Besuch im Atelier Hoffmann kennen- und liebengelernt hatte, war sie immer öfter Gast im Haus »Wachenfeld« auf dem Obersalzberg. ▷

Ein Schlag Suppe für die »Ausgesteuerten«. (So wurden die Arbeitslosen nach dem Auslaufen der mehr als karg bemessenen Arbeitslosenunterstützung genannt.) ▽

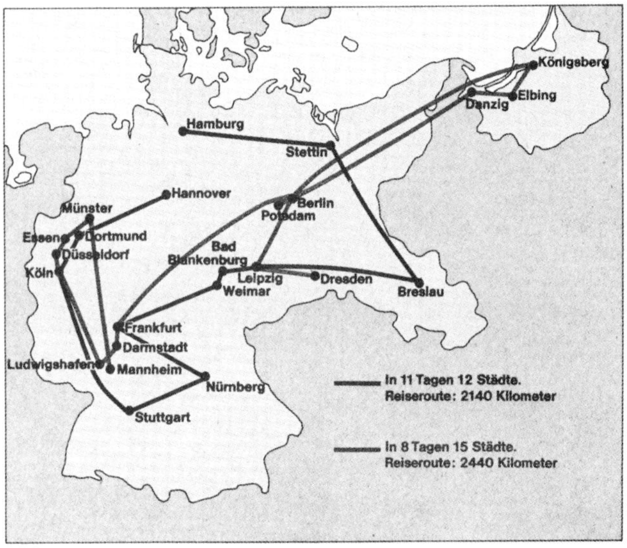


△
Der legendäre Deutschlandflug Hitlers im Jahre 1932. Seine positive Einstellung zu technischen Fortbewegungsmitteln (Auto und Flugzeug) war ungewöhnlich. Schon am Beginn seiner politischen Tätigkeit benutzte er oft das Auto für seine umfangreichen Wahlreisen. Er ließ sich stets chauffieren und liebte hohe Geschwindigkeiten.
Als 1932 die Reichspräsidenten-Wahl anstand, bewarb sich Hitler, inzwischen vom Staatenlosen zum deutschen Staatsbürger avanciert, um dieses höchste Amt der Weimarer Republik.
Für seine spektakulären Wahlkundgebungen benutzte er als erster deutscher Politiker ein Flugzeug.

Kaffeepause am Chiemsee.
Immer wieder zog sich Hitler nach aufreibenden Kundgebungen auf den Obersalzberg zurück.
Die Fahrt auf den Obersalzberg genoß er sehr. Er kannte fast jeden Bauernhof und jedes bedeutende Baudenkmal, z. B. Kirchen, auf der Strecke zwischen München und dem Obersalzberg. Immer wieder schwärmte er seiner Begleitung von den Schönheiten dieser Landschaft vor. ▷

Hitler organisierte sehr oft gesellige Ausflüge.
Hitler, Schaub, Goebbels, mit Frau Magda, Frau Schaub und Frau Wolf (Sekretärin Hitlers) bei einem gemütlichen Picknick. ▷▷

▷

Hitler beim aufmerksamen Studium der Presse. Neben ihm einer der ältesten Bekannten aus der Anfangszeit der »Bewegung«, Ernst (Putzi) Hanfstaengl. Aus einer angesehenen Münchner Familie stammend, vermittelte Hanfstaengl dem jungen Hitler viele wichtige Bekanntschaften in der Münchner Gesellschaft.

Hanfstaengl hatte Hitler nach dem mißglückten Putschversuch vom 9. 11. 1923 in seinem Haus in Uffing versteckt gehalten.
Er vermittelte dem schwärmerischen Wagner-Fan Hitler tiefe Eindrücke in das Werk des Komponisten, spielte ihm stundenlang aus Wagner-Kompositionen vor.
Hanfstaengl, der amerikanische Vorfahren hatte, besaß auch ausgezeichnete Verbindungen zur ausländischen Presse. Er verschaffte Hitler zahlreiche Interviews für amerikanische Blätter – eine willkommene Einnahmequelle noch dazu, da diese aus begehrten Devisen bestand.
1931 wurde Hanfstaengl Auslandspressechef der NSDAP. Seine allzugroße Geschäftstüchtigkeit brachte ihn in Widerspruch zu Hitler dem schließlich eine weitgehende Entfremdung der beiden Männer folgte. 1937 wurde Hanfstaengl Opfer einer rüden Intrige und flüchtete bei Nacht und Nebel nach den USA, wo er aufgrund einer langjährigen Freundschaft ein Berater des Präsidenten F. D. Roosevelt wurde.

Hitler mit Gefolge bei einem Kaffee am Chiemsee. Mit seiner engsten Umgebung – hier mit Geli, seiner Nichte, Goebbels, Esser und Schwarz – unternahm er oft Ausflüge nach Lambach. Manchmal entwarf er dabei seine hochfliegenden Architekturpläne.
»Er wollte immer nur bauen« erinnert sich eine Zeitgenossin. ▽

Es war soweit! Am Nachmittag des 30. 1. 1933 wurde Hitler vom Reichspräsidenten Hindenburg zum Kanzler des Deutschen Reiches ernannt.
Abend des 30. Januar veranstalteten die Berliner SA, SS und andere NS-Organisationen, aber auch Einheiten anderer Rechtsgruppierungen (Stahlhelm) Fackelzüge vor der Reichskanzlei. Stundenlang zogen die singenden Kolonnen vor den in einem erleuchteten Fenster stehenden Hindenburg und Hitler vorbei.
▽

◁
Hitler (am Fenster der Reichskanzlei) grüßt die jubelnde Menge.

Franklin D. Roosevelt, geschickter Propagandist, Pragmatiker und machtbewußter Präsident der USA – im Schicksalsjahr 1933.

Der US-Präsident war seit Beginn seiner politischen Karriere ein erklärter Feind Deutschlands – lange bevor Hitler an die Macht kam.
Wie die meisten US-Politiker besaß er wenig Kenntnisse des europäischen Kontinents, fast gar keine über Deutschland.
Sein Prinzip war die politische und wirtschaftliche Expansion der USA auch und vor allem in Europa.
Hitlers rassistische, auf Autarkie abziehende Politik stand daher von vorneherein in diametralem Gegensatz zu der F. D. Roosevelts. Im Gegensatz zur Politik Großbritanniens, vertrat Roosevelt von 1933 an eine konsequente antideutsche Haltung. Hitler lieferte dieser für Deutschland verhängnisvollen Politik zahlreiche Argumente.

Das erste offizielle Bild Hitlers als Reichskanzler zusammen mit Reichspräsident Hindenburg. ▷

# 1933

# 1939

Trotz aller innerparteilichen Krisen und Auseinandersetzungen hatte es Hitler immer wieder geschafft die NSDAP und vor allem ihre stärkste und wirkungsvollste Kampforganisation, die SA, auf seiner Seite zu halten.
Er war – mehr denn je – am Tage seiner Ernennung zum Reichskanzler der sichtbare Repräsentant der radikalsten und entschlossensten politischen Bewegung des Deutschen Reiches. Die bisherigen Kritiker in den eigenen Reihen verstimmten angesichts des nach 14 Jahren erfolgreichen Kampfes um die politische Macht im Deutschen Reich.
Alle erhofften sich eine sofortige Änderung ihrer wirtschaftlichen und damit auch persönlichen Verhältnisse.
Die NSDAP setzte sich Anfang 1933 zum größten Teil aus Kleingewerbetreibenden, Handwerkern, Studenten und Beamten zusammen. Ein besonderes Gewicht in der SA hatten die ehemaligen Frontkämpfer des Ersten Weltkrieges, die zum Teil Führungsstellen innehatten. Materiell waren die meisten von ihnen schlecht gestellt.
Sie drängten vom ersten Tag der »Machtergreifung«, wie die Propaganda von Goebbels die Ernennung Hitlers zum Reichskanzler stilisiert hatte, die Führung der NSDAP in eine »Revolution«. Hitler konnte es sich keineswegs leisten, die labile Basis seiner eben erst errungenen Machtposition plötzlich zu erschüttern. Zunächst wurden die Mitglieder der Partei, SA und SS mit Propaganda abgespeist.
Mitten während des beginnenden neuen Reichstagswahlkampfes (für den 5. 3. 1933) wurde ein Ereignis zum entscheidenden Markstein des beginnenden »Dritten Reiches«: der Brand des Reichstagsgebäudes am 28. 2. 1933. Ein holländischer Kommunist hatte das Gebäude angezündet.
Bereits am nächsten Tag setzte Reichspräsident Hindenburg mit einem Dekret die Verfassung teilweise außer Kraft, und die amtierende Reichsregierung konnte mit einem in der Weimarer Verfassung dafür vorgesehenen Paragraphen ohne parlamentarische Zustimmung regieren. Wesentliche Freiheiten der Bürger wurden eingeschränkt.
Hitler regierte mit der Notverordnung bzw. dem Paragraph 48 praktisch bis zu seinem Ende im Jahre 1945!
Der Reichstag hatte ab 1934 nur mehr die Rolle einer Claque, die die Reden des Reichskanzlers zur Kenntnis zu nehmen hatte.
Im Volksmund wurde der Reichstag später auch »der teuerste Gesangsverein der Welt« genannt, weil üblicherweise nach Beendigung einer Reichstagssitzung das Deutschlandlied abgesungen wurde.
Bereits im Februar 1933, zunehmend aber in den ersten Märztagen 1933 entstand eine Institution, die den Namen Deutschlands zum Synonym der Unmenschlichkeit, des Terrors und des Todes unzähliger Menschen machte: die Konzentrationslager – KL.
Sofort nach der »Machtergreifung« gingen einige der in Standarten gegliederten Einheiten der SA im Reichsgebiet dazu über, ihre ehemaligen Gegner (Kommunisten, aber auch Angehörige anderer Parteien) sowie Juden in eilig errichtete Lager (oft auch nur Kellerräume usw.) zu sperren, sie zu mißhandeln und fallweise zu töten. Die Polizei war machtlos – die SA war in ihrem jahrelangen Straßenkampf militärisch geführt und an Zahl der Ordnungspolizei überlegen.
Die Übergriffe nahmen derart überhand, daß sich Hitler entschloß, die »wilden KL« aufzulösen und einer kleinen, bisher in der Öffentlichkeit kaum in Erscheinung getretenen Unterabteilung der SA anzuvertrauen – der SS. Unter der zielstrebigen Führung des Reichsführers SS – Heinrich Himmler – wurden die Insassen eilig in ein nahe bei München gelegenes Lager gebracht. Es handelte sich um das später berüchtigte Lager Dachau.
Mit Dachau war der Grundstein für ein ganzes System der Bekämpfung politischer Gegner der NSDAP und des Dritten Reiches gelegt.
am 21. 3. 1933 inszenierte eine geschickte Propaganda den Tag von Potsdam. Am 21. 3. 1871 hatte Bismarck das zweite deutsche Kaiserreich gegründet – Hitler proklamierte in einem feierlichen, pompösen Staatsakt in der Potsdamer Garnisonskirche im Beisein Hindenburgs und des Großteils des Deutschen Reichstages das neue »Dritte Reich«.
Dieser Tag von Potsdam vermittelte der noch weitgehend skeptischen Öffentlichkeit (Hitler hatte mit der NSDAP etwas mehr als ein Drittel der Wählerstimmen bekommen) das Bild des »Volkskanzlers« Hitler. Auch der greise Feldmarschall und Reichspräsident war zutiefst ergriffen. Zunehmend verbesserte sich von da ab das Verhältnis Hitler-Hindenburg, und Hitler fand in Zukunft stets ein offenes Ohr beim Reichspräsidenten. Dennoch regierte er mit Duldung Hindenburgs.
Der März 1933 brachte der NSDAP einen ungeahnten Zulauf von neuen Mitgliedern – man sprach von den »Märzgefallenen«.
Die ersten Gefährdeten – Kommunisten, Sozialisten, Juden – verließen Deutschland. Es waren die wenigen, die schon vor Jahren »Mein Kampf« richtig gelesen hatten oder sich in einen Gegensatz zur NSDAP gebracht hatten!
Der 23. 3. 1933 brachte Hitler einen entscheidenden Schritt näher zur totalen Machtergreifung: an diesem Tag nahm der Reichstag – ohne die verhafteten Abgeordneten der Kommunisten und gegen die Stimmen der Sozialdemokraten – das sogenannte »Ermächtigungsgesetz« an.
Damit waren der Regierung diktatorische Vollmachten gegeben – die Auflösung der demokratischen Reichstagsfraktionen war eine Frage der Zeit.
Das Kabinett Hitler konnte nunmehr mit Zustimmung des Reichspräsidenten alleine regieren.
In diesem Jahr erfolgte die Auflösung bzw. Selbstauflösung der demokratischen Parteien, andere wurden verboten (KPD), die NSDAP zur einzigen Partei im Staat erklärt. Innerhalb von 6 Monaten hatte Hitler mit seiner NSDAP den Staat umfunktioniert.
Die Revolution freilich, von der die SA geträumt hatte, die radikale Änderung der bestehenden Machtstrukturen (Beamte, Reichswehr) erfolgte keineswegs. Hitler wußte zu genau, daß er ohne sie keinen Tag an der Spitze des Staates stehen könnte! Streng antinazistische Beamte wurden rigoros entfernt, ebenso Juden.
Das Braun der Parteiuniformen der SA und das Schwarz der SS beherrschten zunehmend das öffentliche Bild bis in die entferntesten Winkel des Deutschen Reiches.

Auf dem Obersalzberg bahnten sich erste Veränderungen an. Schon Ende 1932 hatte sich Hitler entschlossen, das Haus »Wachenfeld« etwas zu vergrößern. Die vielen Besprechungen erforderten mehr Räume als bisher. So entwarf Hitler – er hatte seine architektonischen Ambitionen auch in den harten Jahren des Kampfes nie aufgegeben, wie ein Skizzenbuch aus den zwanziger Jahren beweist – einige kleine Umbauten (Zubau einer Veranda, einer Garage mit darüberliegender Terrasse).

Hermann Göring, einer der ersten und treuesten, vor allem einflußreichsten Gefolgsmänner Hitlers erwarb unter Mitwirkung Angela Raubals, der Schwester Hitlers und Haushälterin auf »Wachenfeld«, ein nahegelegenes Grundstück und baute ein schmuckes Landhaus darauf.
Dem Sicherheitsbedürfnis des neuen Reichskanzlers entsprechend, wurde das Gasthaus »Türken« für den RSD und die Wachen eingerichtet.
Das Jahr 1934 war für den weiteren energischen Ausbau der Machtposition Hitlers innerhalb seiner Partei, vor allem der SA und auch in staatspolitischer Hinsicht entscheidend: die latente Unruhe, ja Unzufriedenheit der SA-Anhänger, bis hinauf zu Hitler-Duzfreund und Stabschef der SA Ernst Röhm, wurde in einem mit brutaler Härte geführten Gewaltakt Hitlers beseitigt: am 30. 6. 1934 ließ er die Führung der SA standrechtlich erschießen und ernannte Viktor Lutze, einen ihm ergebenen Mann, zum neuen Stabschef. Röhm wurde nahegelegt, sich selbst zu erschießen. Er lehnte ab und wurde hingerichtet. Träger der Aktionen waren Kommandos der SS – sie wurde am 1. 7. 1934 eine selbständige Organisation.
Am 2. 8. 1934 starb Hindenburg, und Hitler machte sich am selben Tag zum Staatschef, indem er kurzerhand das Amt des Reichspräsidenten mit dem des Reichskanzlers vereinigte! Ab 3. 8. 1934 hieß er daher »Führer und Reichskanzler«.
Das Jahr 1935 brachte die Wiederherstellung der Wehrhoheit, d. h. die Einführung der allgemeinen Wehrpflicht und Aufrüstung. Im September wurden anläßlich des seit 1933 alljährlich in Nürnberg stattfindenden Reichsparteitages der NSDAP die berüchtigten »Nürnberger Gesetze« verkündet.
Sie zogen eine juristische Trennung zwischen Deutsche und Juden und bedeuteten die konsequente Realisierung der von Hitler in »Mein Kampf« propagierten Rassenpolitik. Die Nürnberger Gesetze waren die juristische Grundlage für die Ausmerzung der Juden aus dem öffentlichen Leben in Deutschland. Sie bedeuteten letztendlich für ungezählte Menschen Mißachtung, Verfolgung und Tod.
Der zunehmenden außenpolitischen Isolierung des Deutschen Reiches - nicht zuletzt eine Folge der von den im Ausland lebenden oppositionellen Deutschen und der von Emigranten betriebenen Agitation - versuchte Hitler auf einigen Ebenen zu begegnen. Wirtschaftlich betrieb er eine zunehmende Autarkiepolitik - ebenfalls eine konsequente Durchführung seines in »Mein Kampf« propagierten wirtschaftspolitischen Konzepts. Damit setzte er sich allerdings geradezu in eine diametrale Interessenlage zu den internationalen Kreisen der Hochfinanz.

Für F. D. Roosevelt, der im Jahre 1933 Präsident der Vereinigten Staaten geworden war, bedeutete Deutschland seit mehr als 20 Jahren ein Land, das an weiterer wirtschaftlicher Expansion gehindert werden mußte. Dazu kam die geradezu katastrophale wirtschaftliche Situation, in der sich die USA nach dem schwarzen Freitag von 1929 befand.
Der Interessenkonflikt - wirtschaftlich und politisch - zwischen dem Dritten Reich und den USA war eine der wesentlichen Ursachen des zweiten Weltkrieges.
Das »stille Jahr« 1937 war sehr bedeutsam für die weitere Entwicklung. In diesem Jahr erklärte Hitler vor dem Generalstab der Wehrmacht unmißverständlich seine Absicht zur militärischen Lösung der deutschen Probleme! Auch hier kam ganz eindeutig die Fixierung Hitlers auf sein Programm aus den zwanziger Jahren zum Ausdruck.
In der Öffentlichkeit allerdings entstand - gefördert durch eine psychologisch einmalige Propaganda des unermüdlichen und alle Register ziehenden Goebbels - der Eindruck eines friedfertigen Dritten Reiches.
Das Jahr 1938 bildete einen Höhepunkt in der Machtentfaltung Hitlers und war gleichsam der Abschluß seiner innen- und außenpolitischen Erfolge.
Nach dem Besuch des österreichischen Kanzlers Schuschnigg auf dem Obersalzberg marschierten deutsche Truppen am 11. 3. 1938 in Österreich ein, und Hitler gliederte die »Ostmark« als Reichsland dem Dritten Reich ein. Er entsprach damit zweifellos dem Wunsch der überwiegenden Mehrheit des österreichischen Volkes.
Der Sommer 1938 brachte Hitler einen Schritt weiter im Ausbau seiner ostpolitischen Ambitionen: die Verschärfung der Lage der Sudetendeutschen in der CSR. Die Führung der CSR glaubte sich stark genug, Hitler in seinen Bemühungen um Einverleibung der überwiegend von Deutschen besiedelten Gebiete Einhalt gebieten zu können. In geschickten Aktionen verstand es Hitler, die Führung Englands und Frankreichs, die als Garantiemächte der CSR galten, für seine Ziele zu gewinnen. Im spektakulären Münchener Treffen, dem ein Besuch Chamberlains auf dem »Berghof« vorausgegangen war, erhielt Hitler von Frankreich, England und Italien die von ihm beanspruchten Gebiete in der CSR.
1939 erfolgte zunächst eine weitere unblutige Eroberung: die Besetzung des restlichen Gebietes der CSR durch deutsche Truppen. Das Staatsgebiet wurde in ein Protektorat Böhmen und Mähren und eine selbständige Slowakei aufgeteilt ...

So sah der Obersalzberg – gezeichnet von einem Nachbarn Hitlers, dem Sohn des »Türken«-Wirtes, 1932 aus. Rechts (im Hintergrund) das bescheidene Haus »Wachenfeld«. ◁

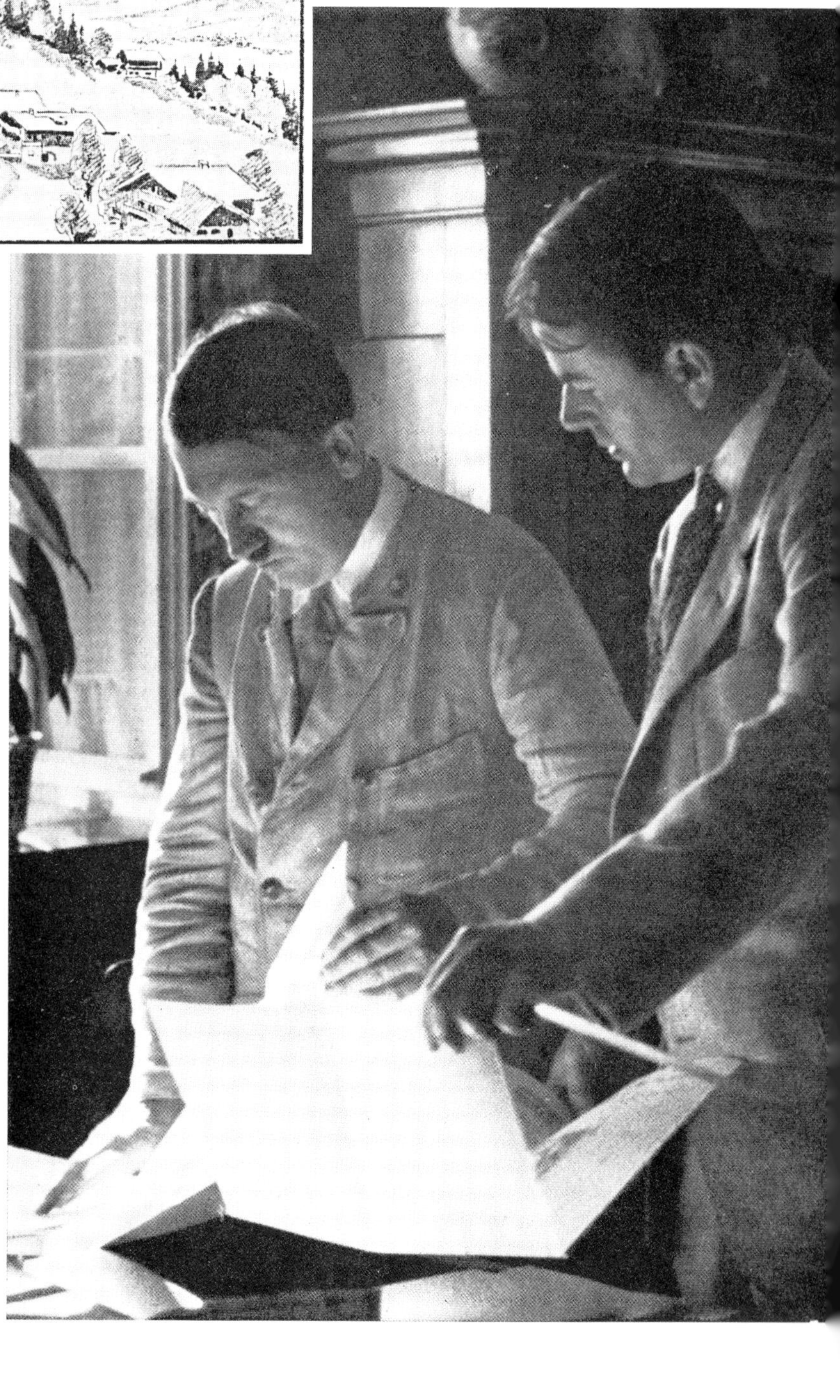

▷
Eine schicksalhafte Begegnung. Der junge, hoffnungsvolle Architekt Albert Speer mit Reichskanzler Hitler auf dem Obersalzberg. Hitler, der sich nach eigenen Aussagen immer als Architekt gefühlt hat, sieht in dem ehrgeizigen, organisatorisch außerordentlich begaben Speer den willkommenen Realisator seiner umfassenden Bauideen.

Haus »Wachenfeld« nach dem Umbau 1933.

▷

Eine seltene Aufnahme, die Hitler mit Lupe zeigt und in der Deutschen Presse veröffentlicht wurde.

Der Führer legt am Abend auf der Karte den Weg für eine Wanderung fest.

Abb. Seite 46/47:
Der Plan zeigt den Umbau des Hauses »Wachenfeld«. Es wurde ein Vorbau (Veranda) sowie eine Garage mit obenliegender Terrasse errichtet.
Die Veranda wurde als Wintergarten gestaltet.
Der Entwurf geht auf Skizzen Hitlers zurück.
Der Zubau war wegen der vielen Besucher notwendig geworden.
Die Garage nahm Hitlers Mercedes auf. Baubeginn war der Mai 1933. ▷▷

Abb. Seite 47 unten: ▷▷
Eine Aufnahme, die während des Umbaues des Hauses »Wachenfeld« entstand. Deutlich ist das Stadium des Anbaues der Veranda (Wintergarten) zu sehen. Die Baudurchführung lag bei örtlichen Firmen und erfolgte noch mit damals üblichen Ochsengespannen, die die benötigten Natursteine brachten.

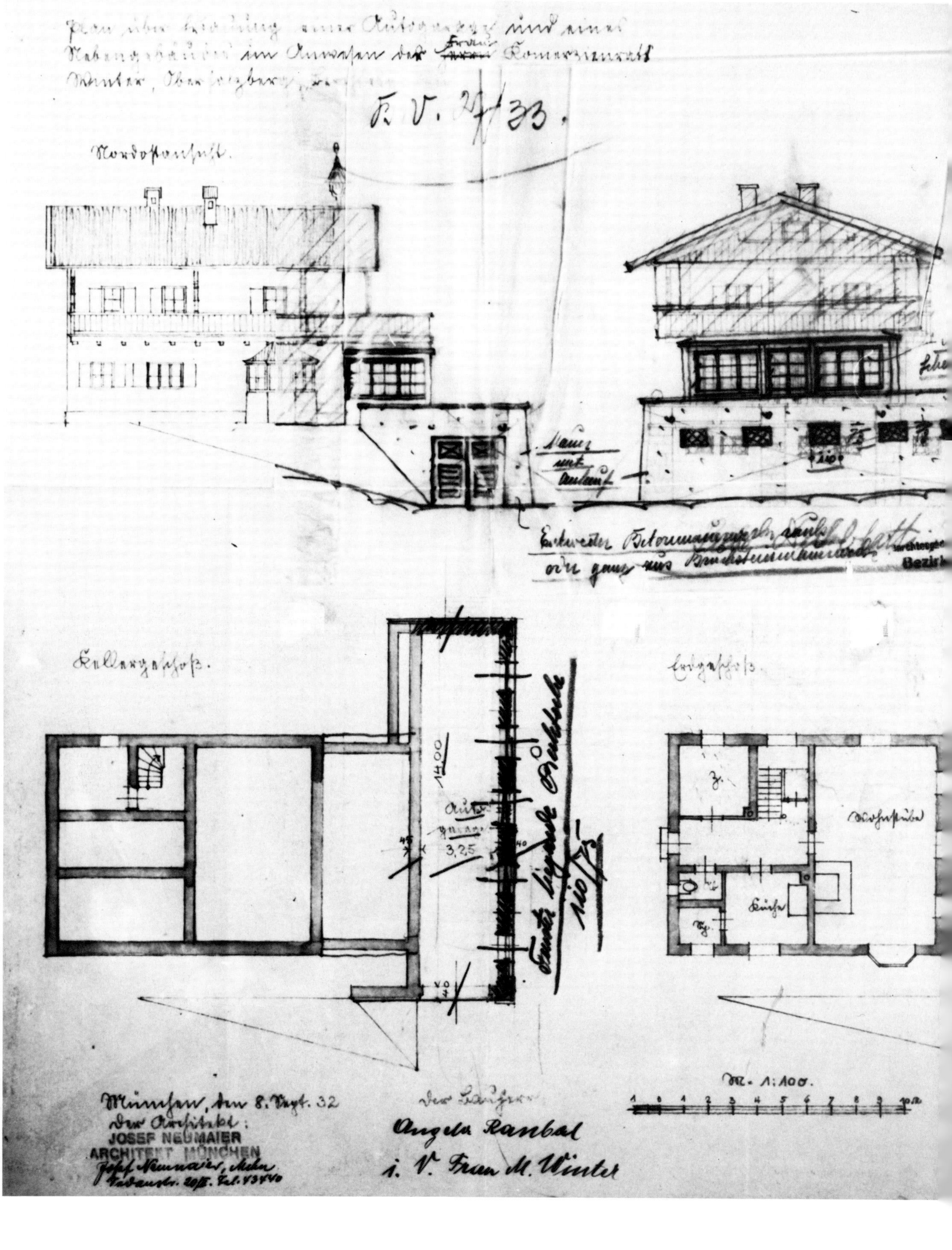
F. V. 27/33.
Kellergeschoß.
Erdgeschoß
Küche
Wohnstube
M. 1:100
München, den 8. Sept. 32
Der Architekt:
JOSEF NEUMAIER
ARCHITEKT MÜNCHEN
i. V. Frau M. Winter

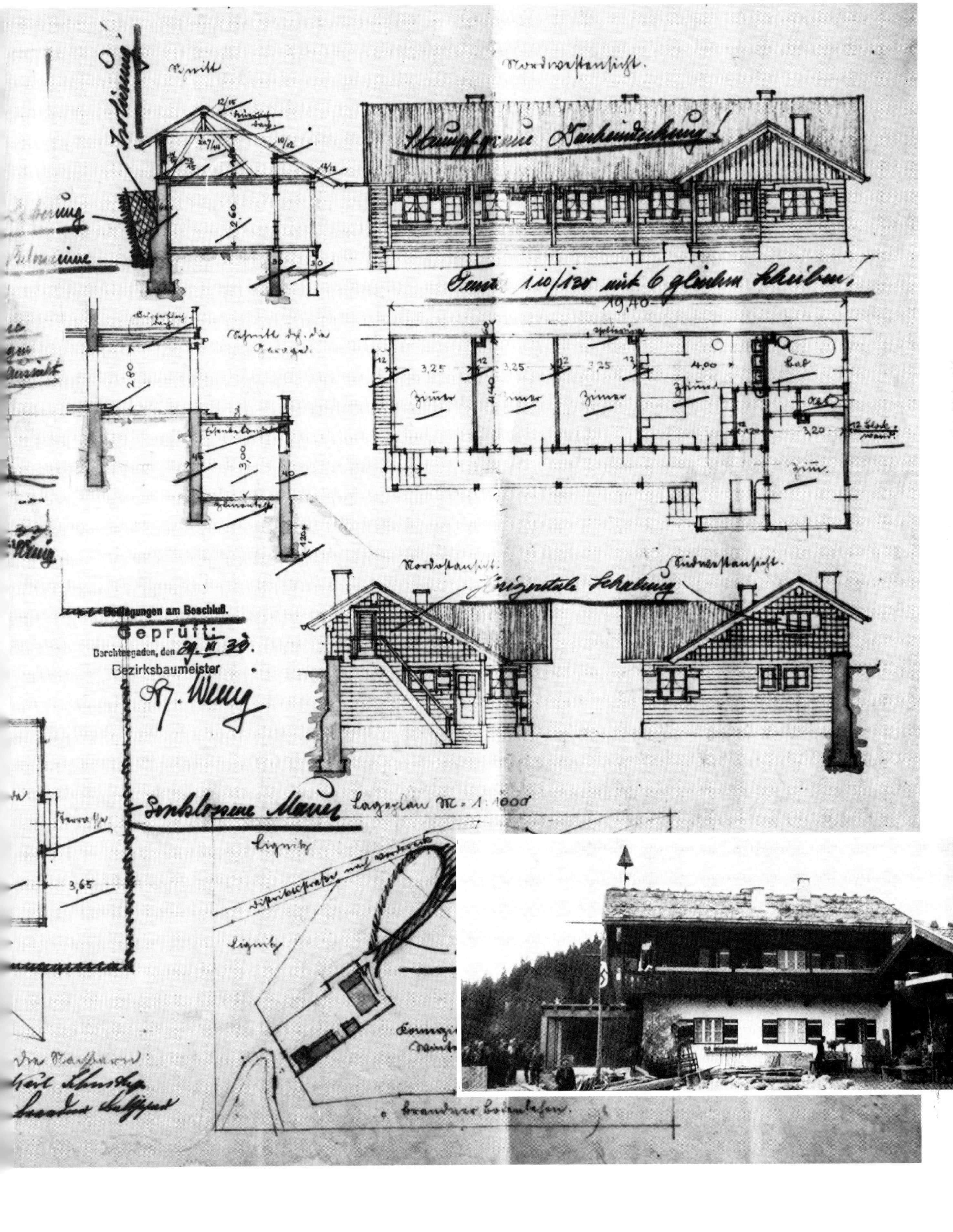
Bedingungen am Beschluß.
Geprüft:
Berchtesgaden, den
Bezirksbaumeister
19,40
3,25
3,25
3,25
4,00
3,20
3,65

Karl
Salzburg
Mai 1933

◁
Die Zeichnung des ehemaligen Nachbarn Hitlers, des Sohnes des »Türken«-Wirtes, zeigt die Umbauarbeiten am Haus »Wachenfeld«.
Die Kosten bestritt Hitler aus seinen Einkünften des Buches »Mein Kampf«. Eine neue Waschmaschine, Geschirr und zahlreiche andere Einrichtungsgegenstände wurden angekauft. Dennoch blieb das Haus äußerlich wie auch in seiner gesamten Einrichtung bescheiden und unauffällig.

Hitler im neuen Wintergarten der Veranda. Im Vordergrund sitzt Goebbels zwanglos auf den Treppenstufen. ▷

Das fertig umgebaute Haus »Wachenfeld«.
Im Sommer 1933 war Hitler nicht sehr oft auf dem Obersalzberg. Seine Aktivitäten als neuer Reichskanzler nahmen ihn sehr in Anspruch. Außerdem war das Haus »Wachenfeld« für den Sitz des Reichskanzlers weder repräsentativ noch groß genug.
Ein Zeitgenosse erzählt: »Es war fast immer zuwenig Platz, wenn eine Besprechung oder ähnliches stattfand. ▽

Hitler im Wintergarten des Hauses »Wachenfeld«. Solche Bilder wurden von der Propaganda gezielt unter das Volk gebracht (Zigarettenbilder). Hitler wird leger, zivil, entspannt gezeigt. Gerade nach der Machtergreifung war dies für den Großteil der deutschen Bevölkerung die Bestätigung für die Biederkeit des neuen Kanzlers und trug nicht unwesentlich zur steigenden Popularität Hitlers bei.
◁

Das Haus »Wachenfeld«, Sommer 1933, von der Terrasse des Hotels »Türken« aus gesehen.
Der »Türken«, eine traditionsreiche Gastwirtschaft auf dem Obersalzberg, war Anfang der 20er Jahre ein vielbesuchter Gasthof. Hier, in der Gaststube hielt Hitler zündende und wirkungsvolle Reden vor den einheimischen Bauern des umliegenden Berchtesgadener Landes.
Weil der »Türke« in so exponierter Lage unmittelbar oberhalb des Sitzes von Hitler lag, wurde er im August 1933 geschlossen, dann von der NSDAP gekauft und als Quartier für den Wach-und Sicherheitsdienst (später RSD) Hitlers mehrmals umgebaut.
Der »Türken«-Wirt, Karl Schuster, Uralt-Parteigenosse, mußte seinen Besitz aufgrund einer Denunziation binnen zwei Stunden verlassen, die Entschädigung wurde ihm vorenthalten, ein Verbot zum Betreten des Landkreises Berchtesgaden verhängt. Karl Schuster starb, nachdem man ihn zweimal ins Gefängnis gebracht hatte, 1934.

Konzentrations Lag
der Standarte 208.

◁ Eines der ersten Konzentrationslager einer SA-Einheit.
Ein sogenanntes »wildes« Lager, das unmittelbar nach der Machtübernahme Hitlers Anfang 1933 entstand. Hier wurden alle Gegner der SA, der NSDAP, aber vielfach auch persönliche Gegner einzelner SA-Männer gebracht. Die Haftbedingungen waren zum Teil so grausam, daß aufgrund vielfacher Proteste bei Hitler dieser eine kleine Unterorganisation der SA, die SS, mit der Errichtung eines regulären Lagers beauftragte. Es wurde in Dachau bei München errichtet. Damit begannen der Aufstieg der SS und ihre zunehmende politische Bedeutung im Machtgefüge des Dritten Reiches. Die KL – wie die Konzentrationslager bis zum Ende des Dritten Reiches amtlich hießen – wurden zum Synonym eines unmenschlichen Systems.

Ab Sommer 1933 wurde das Haus »Wachenfeld« ebenfalls von SS-Männern bewacht. Außerdem wurde – unüblich im Gebiet des Obersalzberges – ein Drahtzaun um das Grundstück Hitlers gezogen.
Die Bewachung war allerdings eher symbolisch, denn weder die Stärke der Wachmannschaft noch die Bewaffnung hätten vor einem gezielten Attentatsversuch geschützt. ▽

Eine Großkundgebung der NSDAP im Berliner Sportpalast. Die Devise »nicht meckern – sondern arbeiten« beinhaltet zwei wesentliche Merkmale der NS-Herrschaft: Kritik war in zunehmendem Maße unerwünscht, arbeiten eine wesentliche erzieherische Methode.
Hitler war Sozialist, allerdings kein dogmatischer. Er verstand unter Sozialismus die Bildung einer Volksgemeinschaft unter Überwindung klassenpolitischer Gegensätze.
Demokratische Willensbildung schloß er aus.
▽

Dr. Todt, Schöpfer und Organisator der OT (Organisation Todt). ▽

Pläne für den Bau von Autobahnen waren im Ansatz seit Ende der zwanziger Jahre vorhanden. Die Wirtschaftskrise verhinderte die Realisierung des volkswirtschaftlich außerordentlich wichtigen Projektes. Hitler erkannte schon vor seiner Ernennung zum Reichskanzler die volkswirtschaftliche und militärische Bedeutung der Autobahnen. Unmittelbar nach dem 30. 1. 1933 wurde die Reichsautobahn AG gegründet.

△
Bau eines Autobahnteilstückes. Die Arbeit wurde größtenteils mit Muskelkraft bewältigt.

In Dr. Todt hatte Hitler einen genialen Organisator für seine Ideen. Im Gegensatz zu früheren Planungen gingen Hitler und Dr. Todt von der Notwendigkeit eines Autobahnnetzes, das sich über das gesamte Reichsgebiet erstreckte, aus.

◁
Ein Teilstück der Autobahn München-Salzburg.

Hitler - der »Volkskanzler« im Haus »Wachenfeld«. ▷

Die Luftaufnahme zeigt das Haus »Wachenfeld« im Herbst 1933. Links davon das Gasthaus »Türken«, August 1933 geschlossen, dann für den Wachdienst und Sicherheitsdienst Hitlers (RSD) umgebaut. Am linken Bildrand das Freidinglehen des Bauern Rasp - »des guten Nachbarn« Hitlers. Die Aufnahme zeigt noch die ländliche Idylle des Obersalzberges.
Bis 1935 blieb das auch so. Dann setzte das Geltungsbedürfnis Bormanns neue Maßstäbe. Unter dem Vorwand der erhöhten Repräsentation und des damit verbundenen gestiegenen Sicherheitsbedürfnisses wurde aus der idyllischen Landschaft bis 1945 eine Baustelle. ▽

◁
Diese Zeichnung von 1933 zeigt die Nachbarn Hitlers um 1933.
Links oben der »Türken«-Wirt, Karl Schuster, der nach einer üblen Intrige sein Anwesen innerhalb zwei Stunden verlassen mußte.
Rechts davon der in der damaligen Propaganda als »guter Nachbar« bezeichnete Bauer Rasp. Er hatte ein sehr gutes Verhältnis zu Hitler, auch als dieser längst Reichskanzler war. Eine Intrige Bormanns zwang den alten Mann ebenfalls zum Verlassen seines Hofes.
Links unten ein Bauer aus der unmittelbaren Umgebung des Hauses »Wachenfeld« und der Förster von Berchtesgaden.

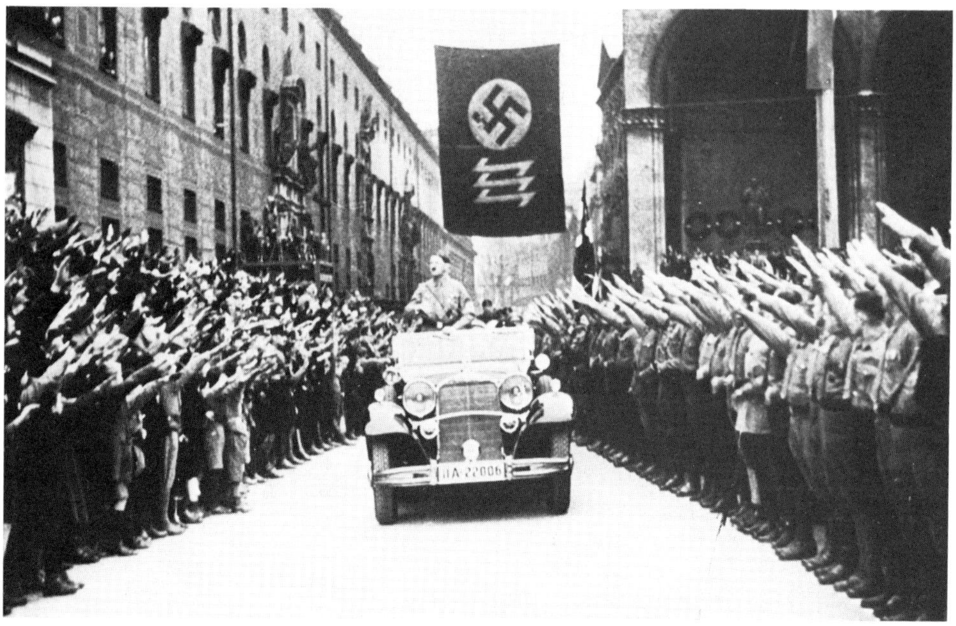

◁
Gedenkfeier für den Marsch zur Feldherrnhalle in München. Es war die Zehn-Jahr-Feier, bei der Hitler, nunmehr Reichskanzler, unter der Hakenkreuzfahne mit der Wolfsangel (!) vorfährt.

Eine ganz seltene Aufnahme von 1933. Kurze Zeit gab es auch eine Adolf-Hitler-Höhe (neben den unzähligen Straßen, Plätzen im ganzen Deutschen Reich gewiß eine Novität) auf dem später von Göring besiedelten Hügel.
◁

▷
Hitler, Goebbels und Dietrich, der Reichspressechef und Reichsleiter der NSDAP.

◁ Frühjahr 1934. Hitler auf einem seiner ausgedehnten Spaziergänge auf dem Obersalzberg.

Dem Bourgois Hitler war eine ▷ Volkserhebung, wie sie eine Revolution durch die SA dargestellt hätte, in tiefstem Herzen zuwider.
Im Frühjahr 1934 entschied er sich endgültig für die Fortführung seiner Politik, mit Hilfe der vorhandenen Machtstrukturen (Beamtentum, Reichswehr) die innen- und außenpolitischen Ziele zu realisieren.
Röhm äußerte im Kreise seiner Kameraden offen sein Mißfallen über »den Adolf«, der sich vom Klüngel der Reichwehrführung einfangen lasse. Die Situation spitzte sich in diesen Tagen dramatisch zu. Hitlers ureigenstem Wesen, anstehende prekäre Probleme durch langes Taktieren sich selbst zu überlassen und kurz vor einer ungewollten Entscheidung durch blitzschnelles Handeln in seinem Sinne zu lösen, entsprach die Handlungsweise, die dann zum spektakulären 30. 6. 1934 führte.

Schon wenige Monate nach dieser Aufnahme war die zur Schau ▷
gestellte Harmonie vorbei.
Hitler im Kreise seiner damals treuesten Anhänger. V.l.n.r.: Greogor Strasser, Ernst Röhm, Hermann Göring, Adjutant Brückner.

Einzelnummer 10 Pfg.

# Extra=Blatt

Oberbayer. Gebirgsbote, Holzkirchen · Miesbacher Anz., Miesbach · Tegernseer Ztg., Tegernsee, Aiblinger Ztg., Bad Aibling · Rosenheimer Tagbl., Rosenheim · Kolbermoorer Volksblatt, Kolbermoor · Chiemgau-Ztg., Prien · Tölzer Ztg., Bad Tölz · Wolfratshauser Tagbl., Wolfratshausen, Wasserburger Anzeiger, Wasserburg a. I. · Grafinger Zeitung, Grafing.

Samstag, 30. Juni 34

# Röhm verhaftet und abgesetzt

## Röhm aus Partei und S.A. ausgeschlossen

München, 30. Juni

Die Reichspressestelle der N.S.D.A.P. teilt folgende Verfügung des Führers mit:

Ich habe mit dem heutigen Tage den Stabschef Röhm seiner Stellung enthoben und aus Partei und S.A. ausgestoßen. Ich ernenne zum Chef des Stabes Obergruppenführer Lutze.

S.A.-Führer und S.A.-Männer, die seinen Befehlen nicht nachkommen oder zuwiderhandeln, werden aus S.A. und Partei entfernt bzw. verhaftet und abgeurteilt.

gez. Adolf Hitler
Oberster Partei- und S.A.-Führer

## Aufruf des neuen Stabschefs

Der Führer hat mich an seine Seite als Chef des Stabes berufen. Das mir dadurch bewiesene Vertrauen muß und werde ich rechtfertigen durch unverbrüchliche Treue zum Führer und restlosen Einsatz für den Nationalsozialismus und dadurch für unser Volk.

Als ich vor etwa 12 Jahren zum erstenmal Führer einer kleinen S.A. war, habe ich drei Tugenden an die Spitze meines Handelns gestellt und sie von der S.A. gefordert. Diese drei Tugenden haben die S.A. groß gemacht und heute, wo ich in schicksalsschwerer Stunde meinem Führer an hervorragender Stelle dienen darf, sollen sie erst recht Richtschnur für die ganze S.A. sein:

Unbedingte Treue!

Schärfste Disziplin!

Hingebender Opfermut!

So wollen wir, die wir Nationalsozialisten sind, gemeinsam marschieren.

Ich bin überzeugt, dann kann es nur ein Marsch zur Freiheit werden.

Es lebe der Führer! Es lebe unser Volk!

Der Chef des Stabes:
gez. Lutze.

◁ Auf dem Parteitag der NSDAP 1933 in Nürnberg. Hitler und der damals noch zweite Mann des Dritten Reiches, Ernst Röhm, beim Abschreiten der angetretenen SA- und SS-Formationen.

△
Viktor Lutze – neuer Stabschef der SA. Seine Informationen über einen bevorstehenden Putsch revoltierender SA-Führer löste die Aktion vom 30. 6. 1934 aus.

◁
Heinrich Himmler – unscheinbar, Hitler bedingungslos ergeben, bis 1934 ein fast unbekannter Mann.
Zielstrebig hatte er nach Übernahme der unbedeutenden SS – einer Formation für den persönlichen Schutz der NSDAP-Führer bei Versammlungen etc. – Schritt für Schritt eine Elite besonders eingeschworener Nationalsozialisten geformt.
Die Blitzaktion vom 30.6.1934 wurde mit Hilfe der SS durchgeführt.
Für die treue Unterstützung erhob Hitler die SS zu einer eigenen Organisation – Himmler wurde Reichsleiter.

Unmittelbar nach der Ernennung zum Reichskanzler kamen wahre Pilgerzüge auf den Obersalzberg, um Hitler aus der Nähe zu sehen. Hier: eine Abordnung von Angehörigen des BDM (Bund Deutscher Mädel) zieht an Hitler vorbei. ▷

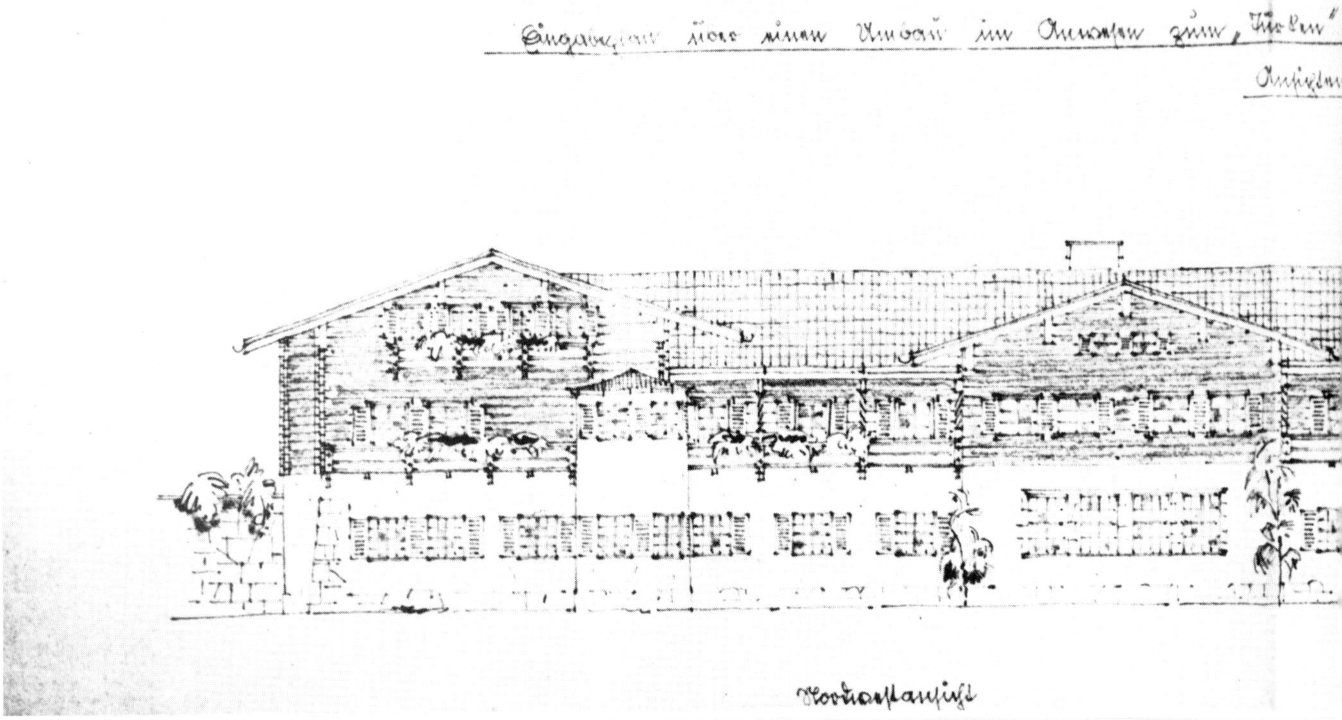

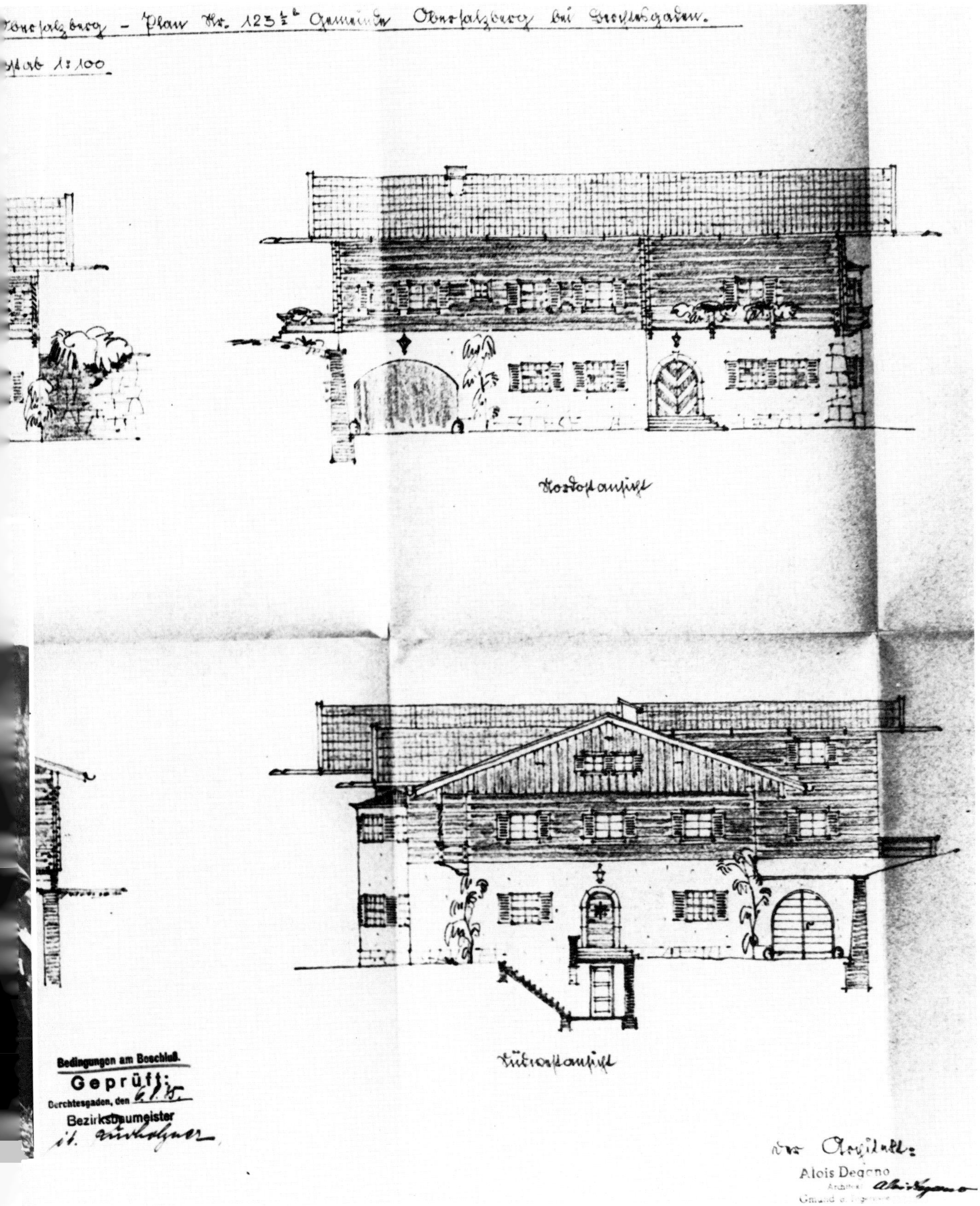
Bedingungen am Beschluß.
Geprüft:
Berchtesgaden, den
Bezirksbaumeister
Alois Degano

Abb. Seite 66/67: △
Der erste Umbau des Hotels »Türken«, im Jahre 1934 geplant, 1935 durchgeführt. Während äußerlich fast alles unverändert blieb, wurde das Innere auf die Bedürfnisse eines Quartiers für die Wachmannschaften (Sommer 1934 jeweils ein Zug der »Leibstandarte SS« mit 1 Offizier, 3 Unteroffizieren und 30 Mann) und des sogenannten RSD (Reichssicherheitsdienstes) abgestimmt. Der »Türken« erfuhr bis April 1945 noch mehrfach bauliche Veränderungen, blieb aber bis dahin ständiger Sitz des RSD.

Besuch auf dem Obersalzberg. Hitler mit Kindern. △

▷
Eine Abordnung des Deutschen Jungvolkes musiziert vor Hitler auf dem Obersalzberg.
Ab 1934 wurde die deutsche Jugend mehr und mehr organisiert und in die »Staatsjugend«, sprich: Deutsches Jungvolk und Hitler-Jugend (JV und HJ), eingereiht.

Abb. Seite 66: △
Eine Besucherschlange hat sich unmittelbar unterhalb des »Türken«, des nunmehrigen Sitzes des Sicherheitsdienstes, eingefunden, um Hitler vor seinem Haus »Wachenfeld« zu sehen. Oft warteten die Besucher stundenlang auf das Erscheinen Hitlers. Der Obersalzberg bot damals noch das seit vielen Jahren bekannte Bild eines idyllisch gelegenen Höhenluftkurortes. Wegen des steigenden Sicherheitsbedürfnisses wurde jedoch von Heß erwogen, das Gelände rund um das Haus »Wachenfeld« aufzukaufen. Das war der Beginn einer fast kometenhaften Karriere für einen Mann, der bis Kriegsende der breiten Öffentlichkeit fast unbekannt blieb: Martin Bormann.
Die ihm von Heß übertragene Aufgabe zum Aufkauf der umliegenden Ländereien löste eine Veränderung auf dem Obersalzberg aus, die bis heute fortwirkt.

△
Auch die Kleinsten drängten sich zu Hitler. Ihm selbst war es ein ehrliches Bedürfnis, sich mit Kindern zu umgeben.

Abb. Seite 70/71 ▷
Der Originalplan zur Errichtung des Landhauses Göring – Oktober 1933.
Architekt Degano war auf Vermittlung vom F. X. Schwarz Reichsleiter, auf den Obersalzberg gekommen. Er konzipierte den Umbau des »Türken«, plante und leitete die Errichtung der Adjutantur Göring, des Landhauses Göring und des »Berghof«.

Abb. Seite 71: ▷▷
Hermann Göring auf dem Obersalzberg.
Über Hitlers Schwester, Angela Raubal, erwarb er oberhalb des Hauses »Wachenfeld« ein ausgedehntes Grundstück und ließ im Oktober 1933 ein kleines, geschmackvolles Landhaus errichten. Die Ausstattung stand im Gegensatz zum bescheidenen Äußeren. Sie war, wie alles bei Göring, luxuriös.

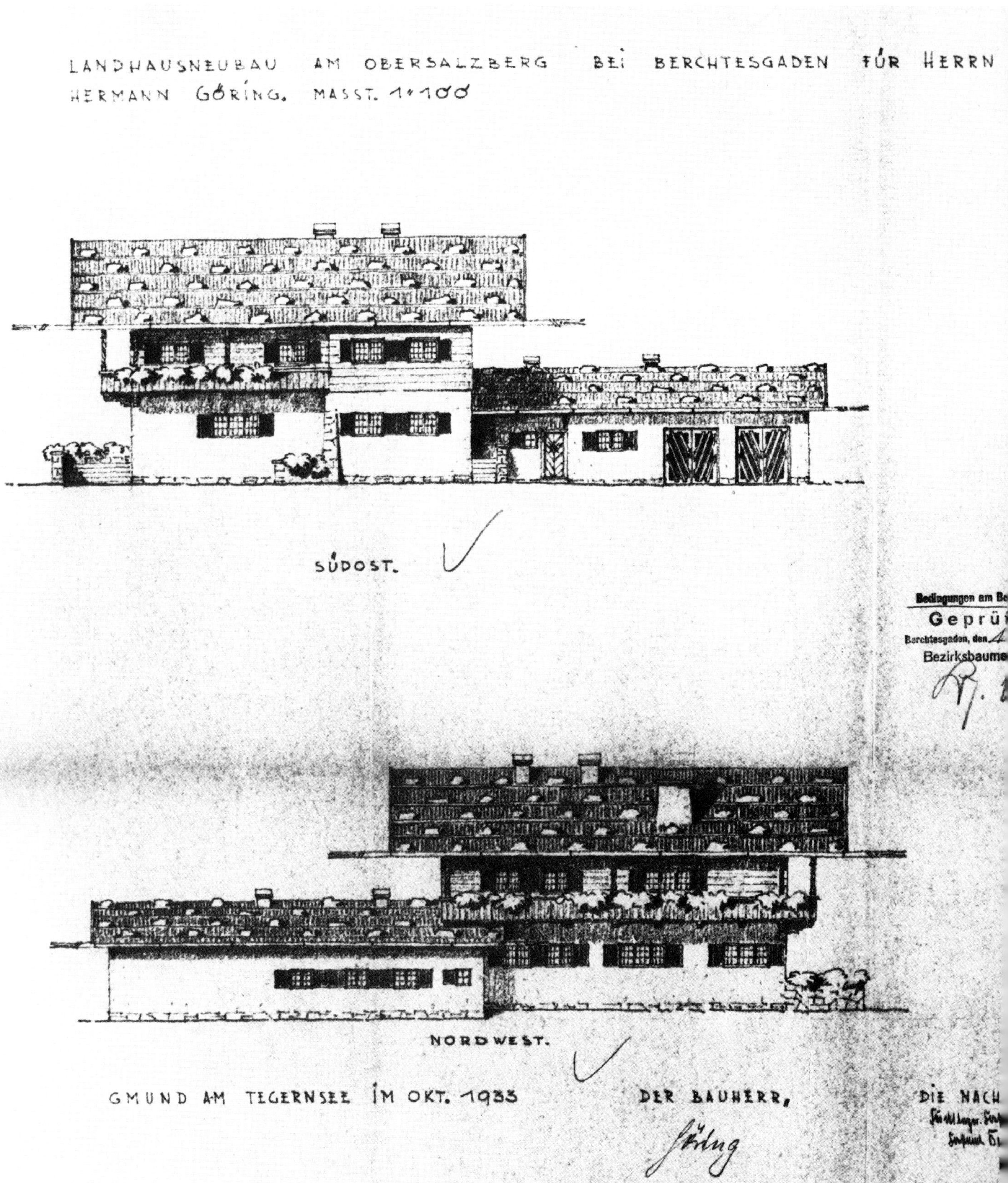
LANDHAUSNEUBAU AM OBERSALZBERG BEI BERCHTESGADEN FÜR HERRN
HERMANN GÖRING. MASST. 1:100
SÜDOST.
NORDWEST.
GMUND AM TEGERNSEE IM OKT. 1933
DER BAUHERR,
Göring
Bedingungen am Be
Geprü
Berchtesgaden, den
Bezirksbaume
DIE NACH

ISTERPRÄSIDENT GEN. D. INF.
NORDOST.
SÜDWEST.
DER ARCHITEKT UND BAULEITER.


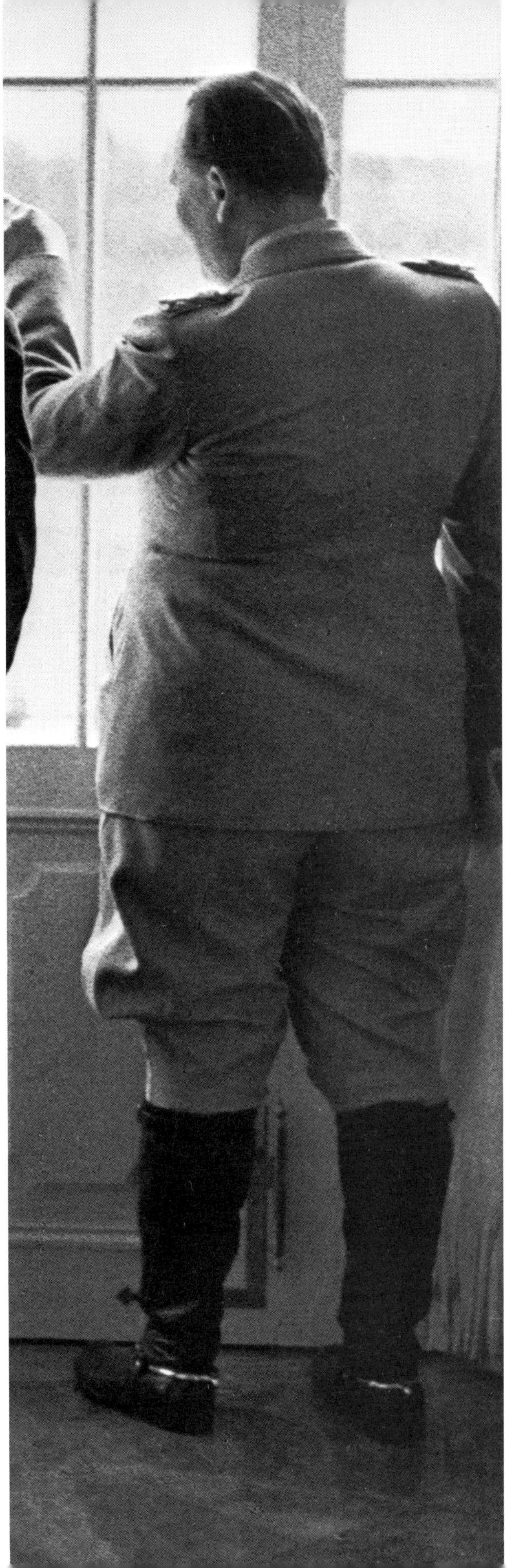

Das fertiggestellte Landhaus Görings. Vor dem Haus befand sich ein Schwimmbecken.
Auf dem Obersalzberg schuf sich Göring – im Gegensatz zu Hitler – ein ausschließlich privates Refugium. Er errichtete das Landhaus hauptsächlich für den Aufenthalt seiner Frau und seiner Tochter.
◁

▷
Hitler mit Göring in dessen Landhaus. Im Hintergrund Hans Baur, Hitlers Chefpilot.

Görings Popularität – als ehemaliger Jagdflieger des 1. Weltkrieges und letzter Kommandeur des legendären Jagdgeschwaders Richthofen – war anfangs größer als die Hitlers. Er war die treibende Kraft beim ersten Vierjahresplan und bei der Aufrüstung – vor allem der neuen Luftwaffe.
Gegen seine bessere Einsicht verhinderte er nicht die Expansionspolitik Hitlers, betrieb forciert den Anschluß Österreich an das Deutsche Reich und kümmerte sich von Beginn des Krieges an immer weniger um seine Aufgabe als Oberbefehlshaber der Luftwaffe.
Sein Desinteresse an militärischen Dingen war so gravierend, daß er von der Einrichtung der damals modernsten Luftlagezentrale (FFMZ – Führer-Flugmeldezentrale) 100 m unterhalb seines Grundstückes auf dem Obersalzberg keine Ahnung hatte.

Das Landhaus Görings mit Blick auf den Watzmann und Hochkalter. Auch auf diesem Bildschnitt kann man die herrliche Lage des Landhauses erahnen. Übrigens mußte Angela Raubal auch wegen der Landbeschaffung für Göring das Haus »Wachenfeld« verlassen. ▷

◁ Göring mit Freunden auf der Terrasse seines Landhauses.
Im Jahre 1940 ließ Göring einen Luftschutzstollen (Bunker) für sich und seine Angehörigen sowie die nächste Umgebung errichten. Allerdings war der Luftschutzstollen bis Ende des Krieges weder an das inzwischen angewachsene System von Bormann angeschlossen, noch hatte er elektrisches Licht.

Hitler, Göring, dahinter Dr. Brandt, Ribbentrop, neben Hitler Reichskriegsminister v. Blomberg und Adjutant Brückner auf dem Obersalzberg.

Der »Eiserne«, der »Dicke« oder einfach »Hermann«, wie Göring vom Volk genannt wurde, vor seinem Landhaus. ▽

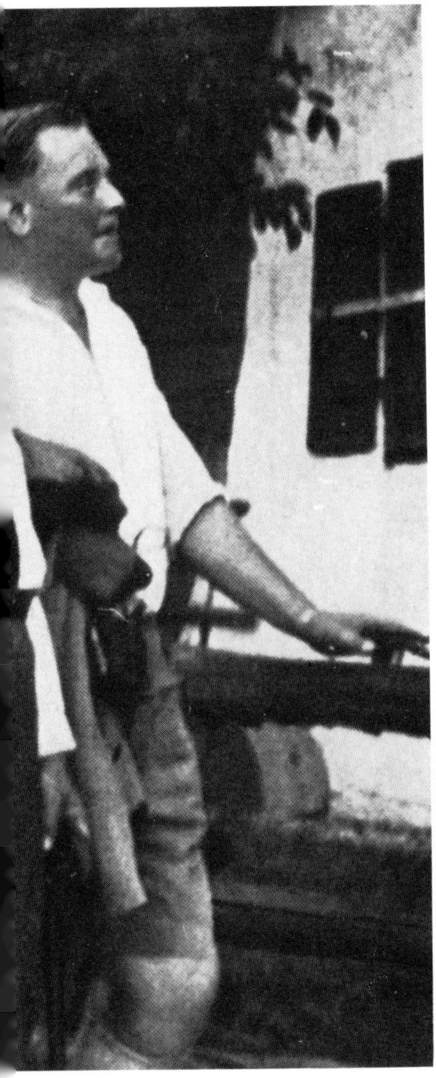

Während einer Fahrt auf den Obersalzberg entstand eines der sogenannten Pfeifenbilder.
Als Hitler einmal Bilder von Göring, die ihn mit Zigarre zeigten, sah, verbot er die weitere Veröffentlichung derartiger Aufnahmen.
Hitler fürchtete, daß die deutsche Jugend, deren Vorbild die Führer des Dritten Reiches sein sollten, durch solche Aufnahmen verdorben würde. ▽

◁ Aus dem Inneren des Landhauses Göring. Der Kamin in der Wohnhalle. Die Aufnahme läßt einen Einblick von der Gediegenheit der Ausstattung ahnen.

Göring im Winterpelz. Eine der wenigen Aufnahmen Görings in Zivil. ▽

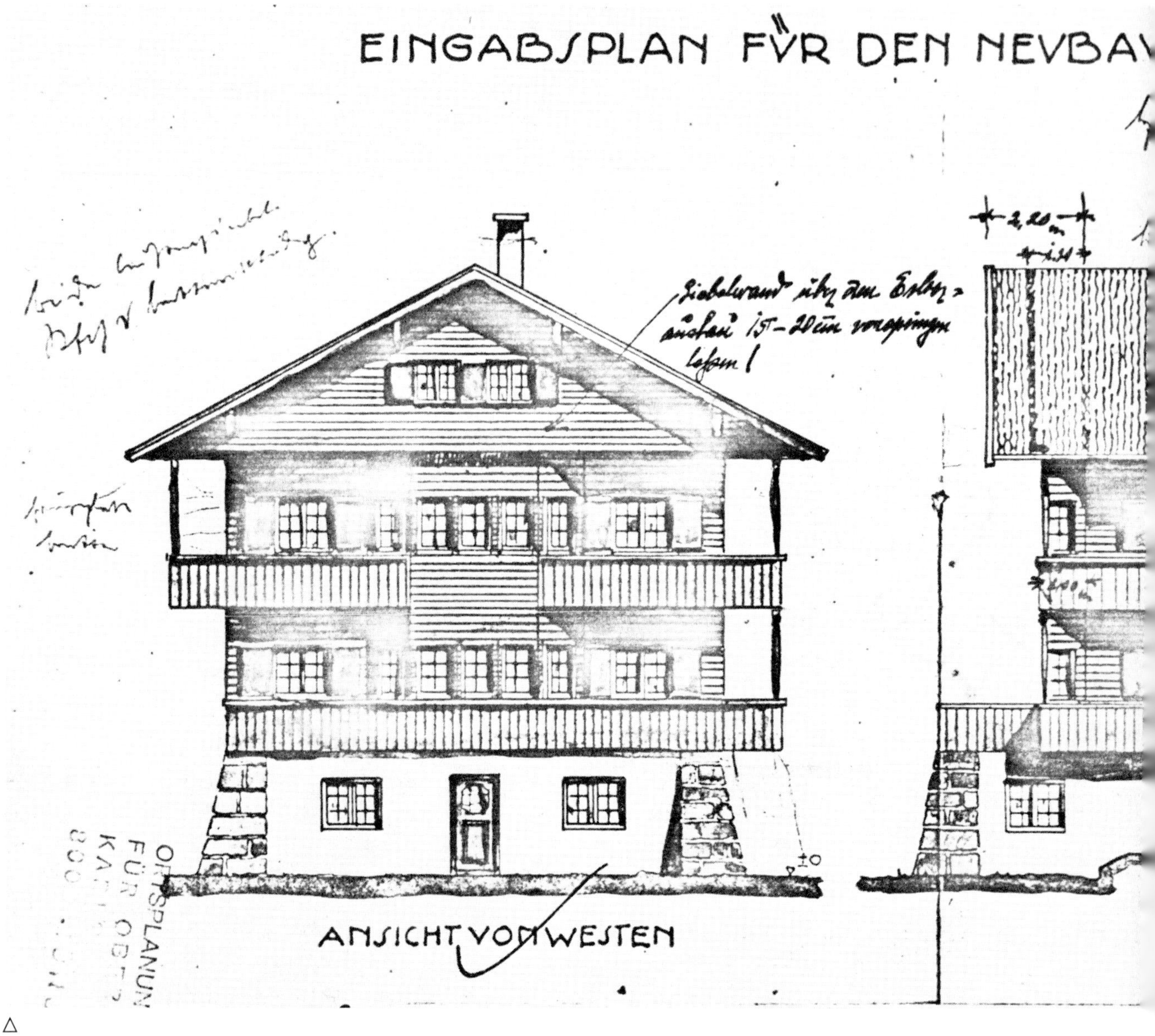


△
Das war das Haus, das Bormann für sich und seine Familie auf dem Obersalzberg kaufte, um immer in der Nähe Hitlers zu sein. In zunehmendem Maße beeinflußte er die Ausgestaltung des Obersalzberges.
Der Plan zeigt das für Dr. Seitz, einen großen Förderer des Obersalzberges, errichtete Haus. Dr. Seitz ließ außerdem ein Kindersanatorium und eine Kapelle errichten.
Bormann baute das Haus Seitz für seine immer zahlreicher werdende Familie (bis 1945 hatte das Ehepaar Bormann 10 Kinder) aus.

Martin Bormann auf der Terrasse des »Berghof«.
Er war Hitler bedingungslos ergeben und hatte in ihm seinen »Herrn« gefunden. Nach heutigen Maßstäben wäre er ein erfolgreicher Technokrat. ▷

Das Bormann-Haus nach dem Umbau. Die Familie Bormann war oft lange Zeit auf dem Obersalzberg, auch bei Abwesenheit Bormanns. Das Haus stand unmittelbar unterhalb des Göring-Hauses. Die beiden Männer konnten sich, ihrer grundverschiedenen Art wegen, nicht ausstehen.
▽

Von 1937 an hatte keine kommunale Behörde Einblick in die Vorgänge auf dem Obersalzberg. Auch Hitler kümmerte sich nicht um diesbezügliche Angelegenheiten.
Bei Kriegsende war M. Bormann Besitzer eines 10 Quadratkilometer großen Gebietes auf dem Obersalzberg.

Frau Bormann mit ihren Kindern. Sie wurde von den Obersalzbergern nur »der gute Engel« genannt. Sie war die Tochter eines Reichsleiters (Walter Buch) und so völlig anders im Charakter als ihr Mann, daß viele, die die beiden kannten, eine derartige Verbindung für unmöglich hielten.
Die Kinder Bormanns wurden immer wieder zu Hitler und Eva Braun gebracht und oft fotografiert. ▷

Eine seltene Aufnahme des Bechstein-Hauses.
Frau Helene Bechstein, eine Gönnerin Hitlers aus der Anfangszeit der »Bewegung« hatte ihr repräsentatives Haus auf dem Obersalzberg (zwischen dem »Berghof« und dem späteren »Gutshof« gelegen) der NSDAP geschenkt. Lange Zeit war es das einzige Haus auf dem Obersalzberg, das ein Telefon besaß.
Bormann ließ das Haus Bechstein elegant ausstatten – für bevorzugte Gäste Hitlers. Im Oktober 1938 wurde Dr. J. Goebbels nach einer erregten Auseinandersetzung mit Hitler – Anlaß war die Liaison mit der Filmschauspielerin Lida Baarova – für 8 Tage in das Bechsteinhaus verbannt. Auch Zar Boris von Bulgarien bewohnte es bei einem seiner Staatsbesuche. ▷

Das »Gesetz für den Aufbau der Wehrmacht«. Es bildete die formale Grundlage für die von Hitler seit Beginn seiner Parteitätigkeit angestrebten Gleichberechtigung des Deutschen Reiches - hier Wehrhoheit - mit den angrenzenden Staaten (vor allem Frankreich und Polen).
Die Annullierung des Versailler Vertrages war einer der Hauptpunkte des Parteiprogrammes der NSDAP. ▷

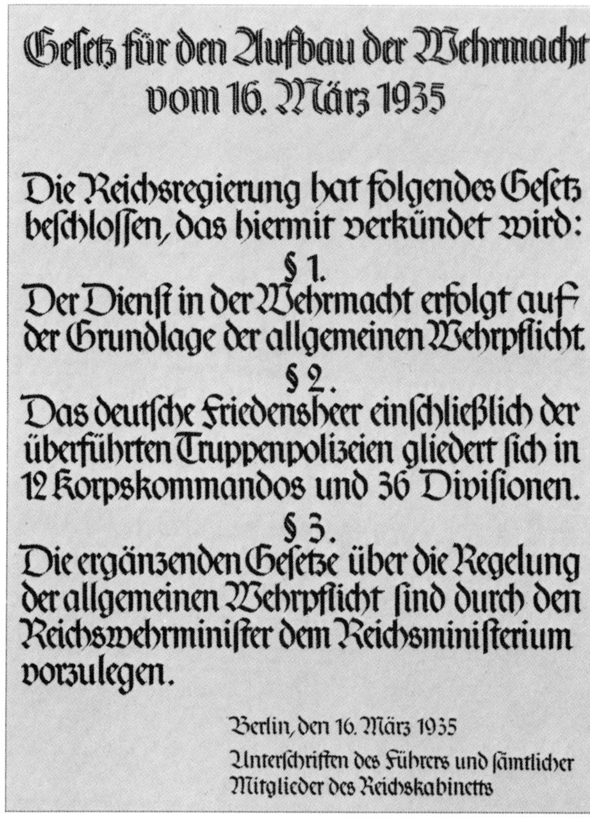

Gesetz für den Aufbau der Wehrmacht
vom 16. März 1935

Die Reichsregierung hat folgendes Gesetz beschlossen, das hiermit verkündet wird:

§ 1.

Der Dienst in der Wehrmacht erfolgt auf der Grundlage der allgemeinen Wehrpflicht.

§ 2.

Das deutsche Friedensheer einschließlich der überführten Truppenpolizeien gliedert sich in 12 Korpskommandos und 36 Divisionen.

§ 3.

Die ergänzenden Gesetze über die Regelung der allgemeinen Wehrpflicht sind durch den Reichswehrminister dem Reichsministerium vorzulegen.

Berlin, den 16. März 1935

Unterschriften des Führers und sämtlicher Mitglieder des Reichskabinetts

Bekannt ist, daß sich Hitler für einen großen »Baumeister« hielt (»Wenn ich nicht in die Politik gegangen wäre, wäre ich sicher einer der größten Baumeister Deutschlands geworden, wenn nicht der Größte?«).
Schon bald nach Konsolidierung seiner unumschränkten Macht in Partei und Staat versuchte Hitler, seine Ambitionen auf dem Gebiet der Architektur zu realisieren.

Hitler besichtigt eine Baustelle auf dem Obersalzberg. Neben ihm sein Chefpilot H. Baur. ▽

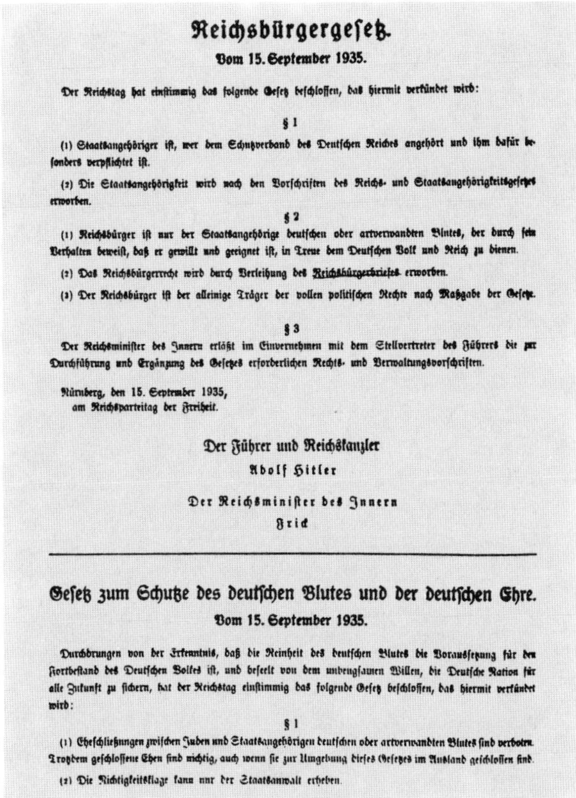

## Reichsbürgergesetz.

**Vom 15. September 1935.**

Der Reichstag hat einstimmig das folgende Gesetz beschlossen, das hiermit verkündet wird:

§ 1

(1) Staatsangehöriger ist, wer dem Schutzverband des Deutschen Reiches angehört und ihm dafür besonders verpflichtet ist.

(2) Die Staatsangehörigkeit wird nach den Vorschriften des Reichs- und Staatsangehörigkeitsgesetzes erworben.

§ 2

(1) Reichsbürger ist nur der Staatsangehörige deutschen oder artverwandten Blutes, der durch sein Verhalten beweist, daß er gewillt und geeignet ist, in Treue dem Deutschen Volk und Reich zu dienen.

(2) Das Reichsbürgerrecht wird durch Verleihung des Reichsbürgerbriefes erworben.

(3) Der Reichsbürger ist der alleinige Träger der vollen politischen Rechte nach Maßgabe der Gesetze.

§ 3

Der Reichsminister des Innern erläßt im Einvernehmen mit dem Stellvertreter des Führers die zur Durchführung und Ergänzung des Gesetzes erforderlichen Rechts- und Verwaltungsvorschriften.

Nürnberg, den 15. September 1935,
am Reichsparteitag der Freiheit.

Der Führer und Reichskanzler
Adolf Hitler

Der Reichsminister des Innern
Frick

---

## Gesetz zum Schutze des deutschen Blutes und der deutschen Ehre.

**Vom 15. September 1935.**

Durchdrungen von der Erkenntnis, daß die Reinheit des deutschen Blutes die Voraussetzung für den Fortbestand des Deutschen Volkes ist, und beseelt von dem unbeugsamen Willen, die Deutsche Nation für alle Zukunft zu sichern, hat der Reichstag einstimmig das folgende Gesetz beschlossen, das hiermit verkündet wird:

§ 1

(1) Eheschließungen zwischen Juden und Staatsangehörigen deutschen oder artverwandten Blutes sind verboten. Trotzdem geschlossene Ehen sind nichtig, auch wenn sie zur Umgehung dieses Gesetzes im Ausland geschlossen sind.

(2) Die Nichtigkeitsklage kann nur der Staatsanwalt erheben.

◁
Die Veröffentlichung der »Nürnberger Gesetze« im Rechtsgesetzbuch.
Sie leiteten die Judenverfolgung ein.

Das Bild zeigt Hitler mit Begleitung auf dem Weg zum Haus »Wachenfeld«. Im Hintergrund der von Bormann erworbene »Platterhof«. Nach den Plänen Bormanns sollte der »Platterhof«, zu einem noblen Hotel für die immer zahlreicheren Besucher auf dem Obersalzberg werden. ▽

Hitler mit privaten Besuchern beim Spaziergang auf dem Obersalzberg.
▽

Mehr und mehr aber versammelte Hitler Bekannte und »alte Kämpfer«, die er immer wieder auf den Obersalzberg einlud, um sich. Während er in der »Kampfzeit«, ein unstetes Leben geführt hatte, genoß er nunmehr die Natur auf dem Obersalzberg. Neben Hitler Bormann, dahinter A. Berndt, unbekannt, F. X. Schwarz, Adjutant Brückner, H. Esser (ein alter Kampfgenosse Hitlers). Daneben H. Hoffmann.

Schon einige Zeit war Hitler auf der Suche nach einem Platz, wo er sich privat entspannen und gleichzeitig die Regierungsgeschäfte führen konnte. Seine Adjutanten rieten ihm zu einem repräsentativen Bau in München.
Weil er sich aber in den vergangenen Jahren immer wieder gerne auf den Obersalzberg zurückgezogen hatte, schlug ihm Frau Troost, Witwe des von ihm verehrten Architekten Troost (Haus der Kunst in München, Führerbau und Verwaltung in München) vor, das Haus »Wachenfeld« aus- bzw. umzubauen.

Hitler mit Architekt Speer auf dem Obersalzberg beim Studium von Plänen zur Ausgestaltung Berlins. ▽

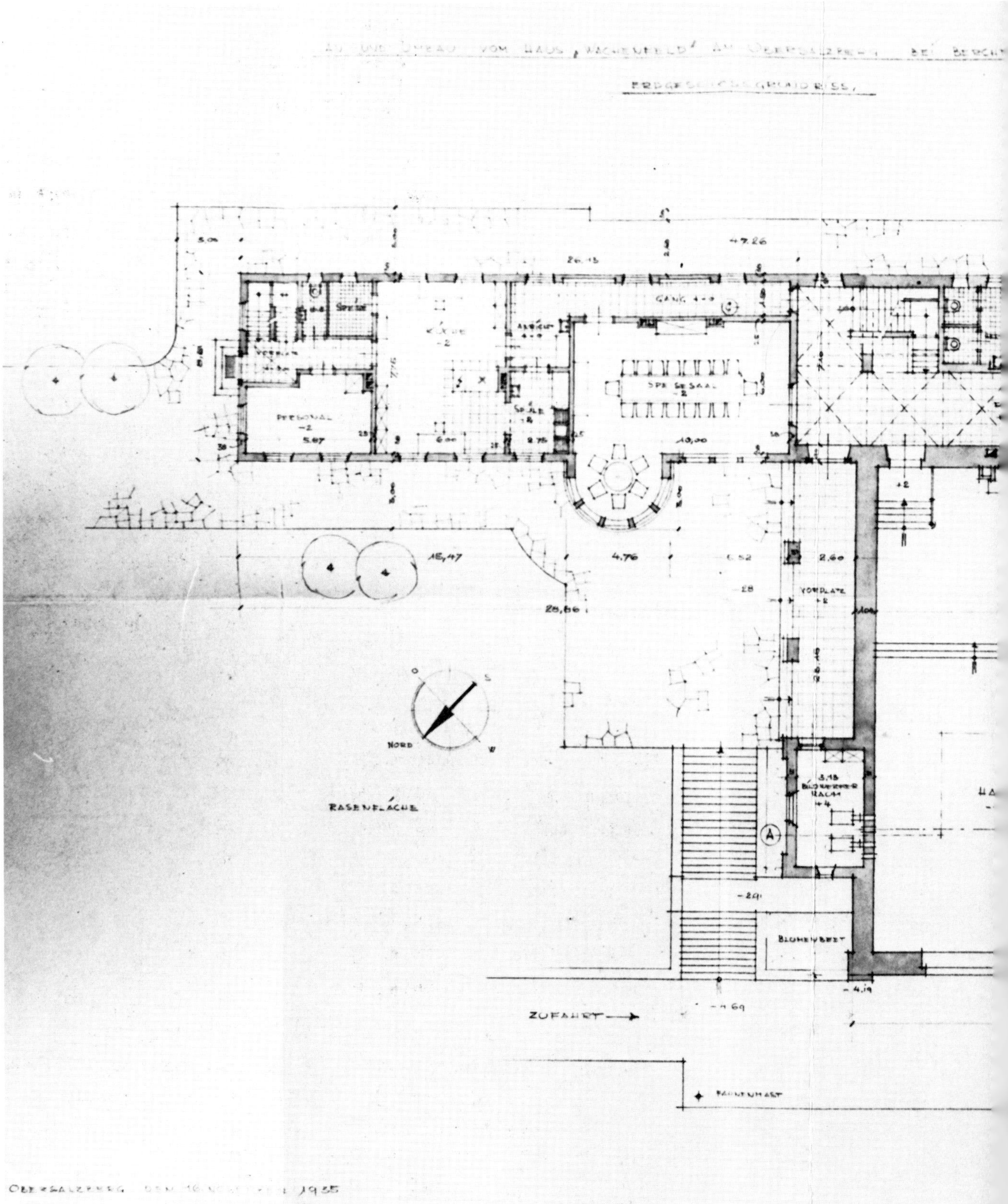


Der Originalplan des Umbaues von Haus »Wachenfeld« (später »Berghof«).

Die Konzeption Hitlers zielte auf einen repräsentativen Bau, △ ohne allerdings die private Atmosphäre zu vernachlässigen. Nach seinem Tode sollte der »Berghof« dem Deutschen Reich gehören.

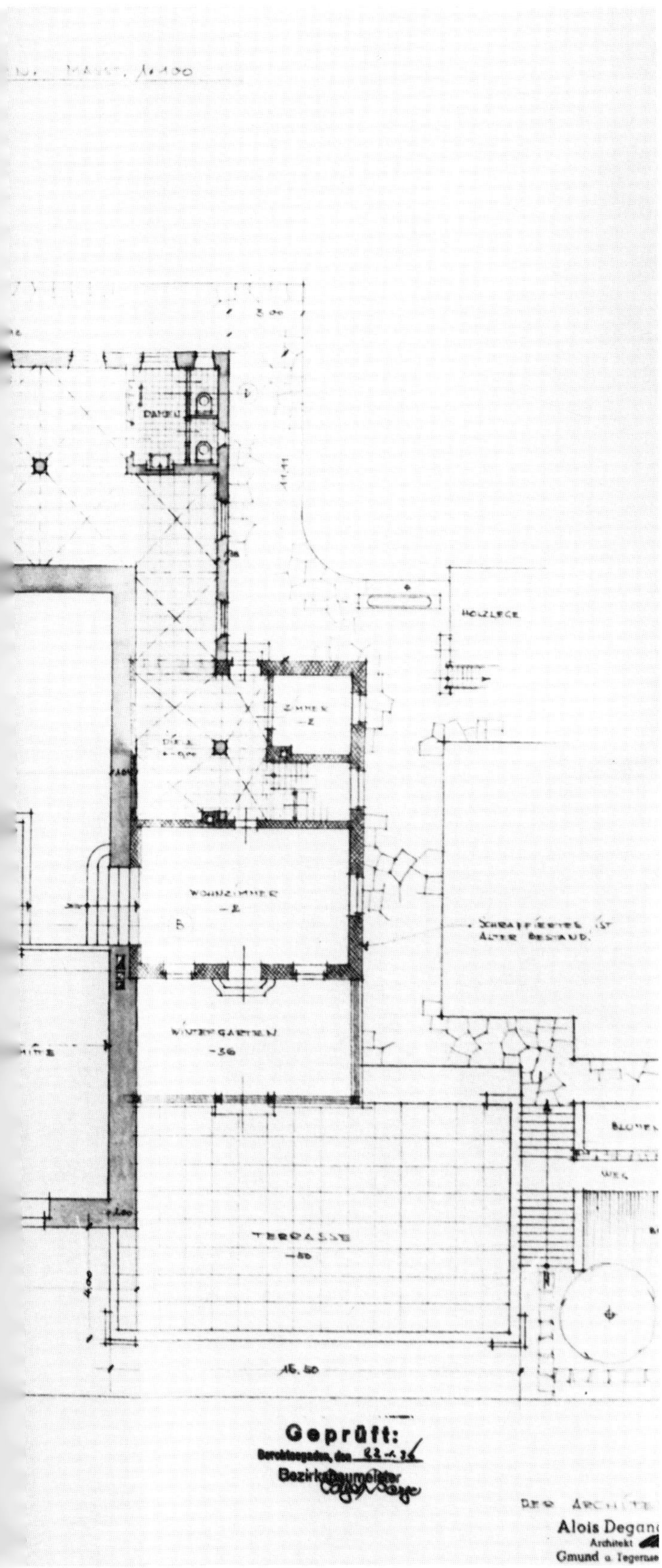
HOLZLEGE
WOHNZIMMER
SCHRAFFIERTES IST ALTER BESTAND.
TERRASSE
Geprüft:
Alois Degan
Architekt
Gmund

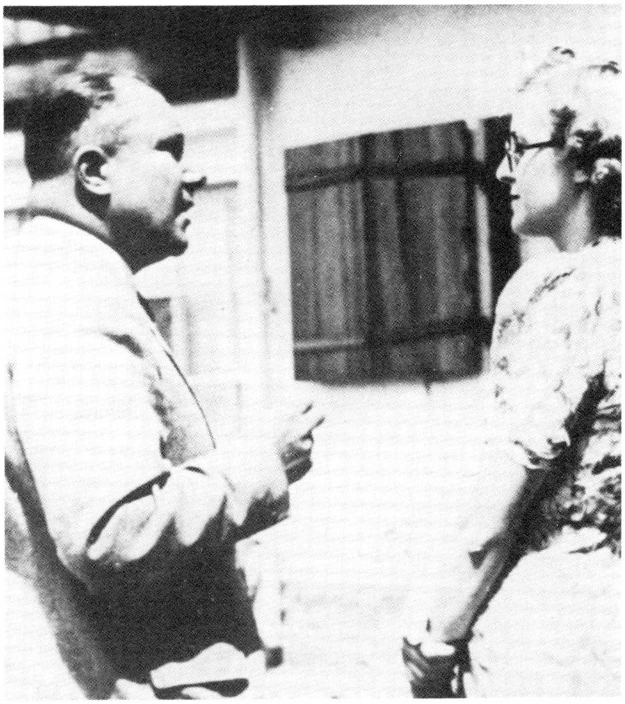

Bormann im Gespräch mit Eva Braun. Obwohl sich Bormann begreiflicherweise sehr um ein gutes Verhältnis zu Eva bemühte, konnte sie ihn wegen seines Benehmens nicht ausstehen. Seine zahllosen Frauenaffären – mit brutaler Deutlichkeit auch auf dem Obersalzberg gepflegt – stießen sie ab.
◁

Hitler mit seinem »Stellvertreter« Heß bei der Besichtigung der Baustelle von Haus »Wachenfeld«.
Heß war mit der Aufgabe, umliegende Grundstücke auf dem Obersalzberg aufzukaufen, nicht glücklich. Er delegierte sie an Bormann, »der Herrgott auf dem Obersalzberg«, wie ihn die Einheimischen bald nannten. ▽

Der Obersalzberg, Sommer 1936. Im Vordergrund der Gasthof Türken« nach dem ersten Umbau. Der »Türken« war nunmehr Sitz des RSD. Bald stellte sich jedoch heraus, daß das Haus für die vielfältigen Aufgaben und das dafür benötigte Personal zu klein war. Erneut wurde umgebaut. Dahinter rechts der neuerbaute »Berghof«, wie Hitlers Sitz nunmehr amtlich hieß.
Das Haus »Wachenfeld« war in den wesentlich größeren repräsentativen und geschmackvoll ausgestatteten »Berghof« integriert worden.
Links oberhalb die Baracken zum Neubau der Verwaltungs- und Kasernengebäude, die bald darauf entstehen sollten.
Der Obersalzberg dröhnte täglich vom Geräusch der Sprengungen für die riesigen Fundamente der neuen Bauten und der Preßlufthämmer.
Er blieb eine Baustelle – praktisch bis April 1945. ▽

◁ Der Eingang zum »Berghof«. Im Hintergrund die Türe, die zum Vorführraum führte. Hier standen zwei Vorführapparate für Kinofilme. Hitler war – wie Goebbels – ein Film-Narr. Manchmal sah er sich abends zwei Filme an. Es handelte sich überwiegend um leichte (und seichte) Unterhaltungsfilme. Aber auch Filme aus dem Ausland, die der Zensur Goebbels' zum Opfer gefallen waren, wurden vor dem intimsten Kreis vorgeführt.

Freitreppe mit Arkaden zum Eingang und Flügelanbau. Über die Freitreppe gelangte man auf eine Terrasse. Hier empfing Hitler seine Gäste – bei besonders geschätzten bemühte er sich auch die Treppe hinunter. Durch die Fenster des Flügelanbaues wurde von der Wochenschau – bei offiziellen Anlässen – gefilmt. Hitler haßte es, von Kameras umgeben zu sein. ▽

Der Korridor. Bei der Auswahl der Baumaterialien legte Hitler Wert auf gediegene, jedoch nicht luxuriöse Werkstoffe. Sie sollten den beabsichtigten Eindruck von einem ländlichen Gutshof unterstreichen. In der Bauausführung waren wesentliche moderne Elemente zu erkennen: die Grundmauern bestanden aus Beton, die Beheizung erfolgte durch eine Heizanlage (Warmluft), die durch einen Dieselmotor betrieben wurde.
▽

Kommode im Korridor. Das Bismarck-Bild kehrte in den Räumen, die für Hitler adaptiert wurden (München, Berlin) immer wieder. Hitler war ein großer Verehrer von Bismarck und sah sich als legitimer Nachfolger und Vollender seines Werkes. ▷

So präsentierte sich die große Halle des »Berghof«. Die massive Kassettendecke lastete auf dem hallenartigen Raum und vermittelte eine Geschlossenheit, die durch die großen flämischen Gobelins an den Seitenwänden verstärkt wurde. Die Gobelins stammten aus dem 18. Jahrhundert und waren überwiegend grün gehalten. Darauf waren alle Polsterbezüge der großen Garnituren, der Teppich und die Vorhänge des großen Fensters abgestimmt.
Die Möbel, aus erlesenen Hölzern handwerklich gefertigt, waren sparsam auf den Raum aufgeteilt. Der lange Tisch – später diente er als Kartentisch bei den Lagebesprechungen – verkürzte die Halle ebenso optisch wie die beiden Ebenen (gebildet aus einem höher gelegenen Teil mit Kamin und Sitzgruppe).
Der Fußboden war aus besonders ausgesuchtem thüringischem rosaroten bis roten Marmor. Olgemälde aus dem 19. Jahrhundert (hauptsächlich Münchner Schule), eine Plastik und stets reichhaltige Blumenarrangements unterstrichen den noblen Eindruck und schufen ein – trotz der Abmessungen – gemütliche Atmosphäre. ▽

Frau Professor Troost bei einer Kunstausstellung. ▷
Von ihr ist gemeinsam mit Prof. Leonhard Gall, dem langjährigen Mitarbeiter von Prof. P. L. Troost, die gesamte Einrichtung des »Berghof« geschaffen worden.
Die Verehrung Hitlers für Frau Troost hatte sich nach dessen Tod (1934) auf seine Frau, die das Atelier weiterführte, übertragen. Nach dem Vorbild ihres Mannes wurde neben größter handwerklicher Vollkommenheit in der Ausführung aller Möbel, Armaturen etc. eine harmonische Farbgestaltung der gesamten Einrichtung, vom Wandbehang bis zum Fußboden, von der Dekke zu den Wänden angestrebt.
Hitler war übrigens von dem neben dem Fenster stehenden großen Globus so fasziniert, daß er mehrere Exemplare anfertigen und an verdiente Parteiführer oder Bekannte verschenken ließ. Auf dem abgebildeten Globus zeichnete er nach Abschluß des Aufmarschplanes gegen die Sowjetunion (Unternehmen Barbarossa) die A-A Linie (Archangelsk/Astrachan). Sie sollte die vorläufige Grenze des deutschen Vormarsches bilden.

△
Eingang zur großen Halle des »Berghof«. Dem Grundriß entsprechend, lag der Eingang erhöht. Rechts ist der Rückenteil des Sofas von der Kamingarnitur erkennbar. Die Plastik (links im Bild) – »Kopftuchtragendes Mädchen« von Eugen Henke, war als unverkäufliches Eponat auf der Großen Deutschen Kunstausstellung im Haus der Deutschen Kunst (München) ausgestellt gewesen.
Hitler hatte Anregungen zu der Komposition gegeben und den Künstler bei der Ausführung einigemal besucht.

Abb. Seite 96/97: ▷
Das »große Fenster« in der Halle des »Berghof«. Es stellte nicht nur wegen seiner Außmaße (8 m breit, 4 m hoch) eine außerordentliche technische und handwerkliche Leistung dar.
Hitler hatte diese Form gewählt, weil die große Wandfläche eine Unterteilung in normale Fensterachsen nicht zugelassen hätte. Außerdem mußte eine Lösung zur Beleuchtung des großen Raumes gefunden werden. Das Haus stand in seiner Längsachse nach NW und war die meiste Zeit des Tages ohne direkte Sonneneinstrahlung.

△
Blick in die große Halle. Rechts im Bild ist der Durchgang in das Wohnzimmer. Hinter dem Gobelin – rechts an der Wand – befand sich die Kinoleinwand. Darunter der Musikschrank.

Die Sitzgruppe neben dem großen Fenster. Der großartige flämische Gobelin konnte aufgezogen werden. Dahinter war der Raum mit den beiden Kinovorführapparaten (Siemens). Der Zugang für die Bedienung lag außerhalb. ▷

Der Tisch vor dem großen Fenster war ein Plan-Tisch für die Architekturplanung. In den Kriegsjahren, wenn sich Hitler und das militärische Hauptquartier auf dem »Berghof« befanden, wurde der Tisch für die Lage-Karten benutzt.
Im Hintergrund der Globus und eine große Standuhr, von einem Reichsadler bekrönt.
▽

◁ Blick in die Halle vom großen Fenster aus. Im Hintergrund links der große Schrank.

Durchblick in die große Halle. ▷

Der große Schrank (5 m lang, 3 m hoch) mit geschnitzten Köpfen. Er diente vor allem zur Aufnahme der zahlreichen Ehrenbürgerbriefe für Hitler. Außerdem wurden die teils sehr wertvollen Geschenke – sie stammten aus der ganzen Welt – hier aufbewahrt. ▽

Blick in das Wohnzimmer. Hier hielten sich meistens die Adjutanten auf.
Aber auch die Sekretärinnen schätzten die gemütliche Atmosphäre. Wenn Hitler in der großen Halle eine Besprechung oder einen Empfang abhielt, warteten sie, meistens in Gesellschaft des Persönlichen Dienstes, bis sie von einem Diener zur gemeinsamen Mittags- oder Abendtafel gerufen wurden.
▽

Die Veranda mit dem Ausgang zur Terrasse. ▷

▷ Der neue Kachelofen im Wohnzimmer. Die handwerklich gefertigten Kacheln zeigten Trachtenmotive. Der Kachelofen war ein dominierender Teil der geschmackvollen Einrichtung.

Korridor und Treppe zum ersten Stockwerk. Dort befand sich (direkt über dem großen Fenster gelegen) das Arbeitszimmer Hitlers. Hin und wieder – so beim Besuch des österreichischen Kanzlers Schuschnigg und dem des englischen Premiers Chamberlain kamen seine Gesprächspartner auch hier herauf.
Dahinter war das Schlafzimmer Hitlers. Ein Bad und Ankleideraum schlossen sich an. Dahinter wiederum lag das Schlafzimmer Eva Brauns.
Wenn Hitler offizielle Gäste hatte oder Besprechungen im »Berghof« abhielt, durfte Eva Braun nicht erscheinen.
▽

△
Das großräumige Arbeitszimmer Hitlers im ersten Stock des »Berghof«. Hier fanden die entscheidenden Besprechungen Hitlers mit v. Schuschnigg, die zur Eingliederung Österreichs ins Dritte Reich führten, und mit Chamberlain, die zur Rückgliederung der sudetendeutschen Gebiete führte, statt.
Hitler verbrachte viele Stunden – oftmals nach den Filmvorführungen – hier und diktierte einer Sekretärin.

Das Treppenhaus führte in das erste Stockwerk zum Arbeitsraum Hitlers. ▽

Ein Gästezimmer im Berghof. Auch hier war die Einrichtung gediegen. Die Räume für die Sekretärinnen befanden sich im zweiten Stockwerk des »Berghof«. Nach und nach – besonders noch während des Krieges – wurden technische Erweiterungen im »Berghof« installiert. So zum Beispiel eine Fernschreibstelle, eine umfangreiche Telefonanlage usw.
◁

◁
Ein anderes Gästezimmer im »Berghof«.
Die persönlichen Gäste oder Staatsgäste, die Hitler auf dem Obersalzberg empfing, wohnten in umliegenden Häusern (Haus Bechstein, unterhalb des »Berghof«, Haus Göll beim »Platterhof«).

Weitere Gäste bzw. Räume für Sekretärinnen im »Berghof«.
Auch für das Hauspersonal waren ähnliche Räume eingerichtet.
Wegen des großen »Hofstaates«, den Hitler hielt, wurde der »Berghof«, mit dem Aufwand und der Organisation eines Hotels geführt. Trotzdem behielt er eine ganz persönliche, private Note. ▷

▷
Der Kachelofen in diesem geschmackvoll eingerichteten Raum unterstrich die Gediegenheit der Einrichtung.

Der »Berghof« von Osten gesehen. Im Vordergrund links befand sich der Speisesaal, das Rondell war mit einem runden Tisch (für das Frühstück) ausgestattet.
Hinter dem kleinen vergitterten Fenster befand sich der Vorführraum für die Kinofilme.
Die Fenster im ersten Stock des Hauptgebäudes gehörten zu den Schlafzimmern Hitlers und Eva Brauns.
Auf dem terrassenartigen Platz vor den Eingangsarkaden stand bei offiziellen Besuchen die Ehrenwache.
Ein Konstruktionsfehler haftete dem »Berghof« allerdings an: Es gab keinen überdachten oder sonstwie geschützten Gang von der Garage zum Haus. Bei jedem Wetter mußten die Besucher über die Treppe auf die Terrasse vor den Arkaden. Hier empfing Hitler vor dem Krieg bedeutende Staatsmänner, Diplomaten, Militärs, aber auch so illustre Gäste wie den Aga Khan, den englischen Zeitungsverleger Lord Rothermere, den Weltreisenden und Schriftsteller Sven Hedin und das Herzogpaar von Windsor.
▽

△
Die Kegelbahn, unterhalb des Speisesaales. Hitler kegelte bis Kriegsbeginn gern und oft, verbot jedoch die Veröffentlichung dieser Neigung. »Sonst werde ich noch Ehrenpräsident unzähliger deutscher Keglervereine« befürchtete er.

Der Speisesaal mit dem Erker. Der Raum war – analog den Eßgewohnheiten Hitlers – im Gegensatz zur übrigen Einrichtung fast spartanisch. Hitler nahm an der Längsseite des Tisches, mit Blick auf die Fenster, Platz. Im Gegensatz zu Hitler wurde den anwesenden Gästen Fleisch, Fisch usw. serviert. Ebenso Alkohol. ▽

△
Hitler auf dem Balkon des »Berghof«. Zufrieden nimmt er den Vormasch Tausender Anhänger ab. Bis zum Kriegsausbruch wiederholten sich täglich die Prozessionen begeisterter Besucher. In Berchtesgaden sprach man geringschätzig vom »KdF-Tourismus«, der dem einstigen Höhenluftkurort durch die Anwesenheit Hitlers beschert wurde.

Blick aus der Loggia – im zweiten Stockwerk des »Berghof« gelegen – auf die Umgebung des Obersalzbergs. Hier befanden sich die Räume für die Sekretärinnen und das Begleitpersonal Hitlers. ▽

Der »Berghof« 1936. Deutlich ist das ursprüngliche Haus »Wachenfeld« mit dem Anbau der Veranda und der Garage mit darüberliegender Terrasse erkennbar. Auf der Terrasse versammelten sich die Besucher Hitlers an schönen Tagen und genossen die herrliche Landschaft.

Wenn keine offiziellen Besuche auf dem Obersalzberg waren, machten es sich die Gäste Eva Brauns gemütlich. Fast ständig hatte sie ihre Schwester Gretel und Angehörige des Münchener Gärtnerplatz-Theaters sowie Filmschauspieler zu Gast. Später, im Verlauf des Krieges, wurde das schlichte Zivil von Uniformen abgelöst. ▽

◁ Hitler im Gespräch mit einem Nachbarn. Diese Aufnahmen waren nicht gestellt. Hitler hatte bis 1937 tatsächlich ein gutes persönliches Verhältnis zu seinen Nachbarn.

Das neuerrichtete Tor zum »Führergebiet«. Darüber der »Berghof«.
Es wurde bis 1939 von Angehörigen der Leibstandarte bewacht. Eine strenge Weisung Bormanns befahl, daß niemand ohne besonderen Ausweis das Gebiet (Sperrkreis I) betreten durfte. »Eine Uniform ist kein Ausweis«, belehrte Bormann die Wachposten. ▽

◁ Der »gute Nachbar« Rasp, unterhalb des »Berghof«.

Bei einem Spaziergang auf dem Obersalzberg – Hitler mit Dohle.
Im Hintergrund rechts Rudolf Heß. Links hinter Hitler J. Werlin, Direktor von Mercedes. ▷

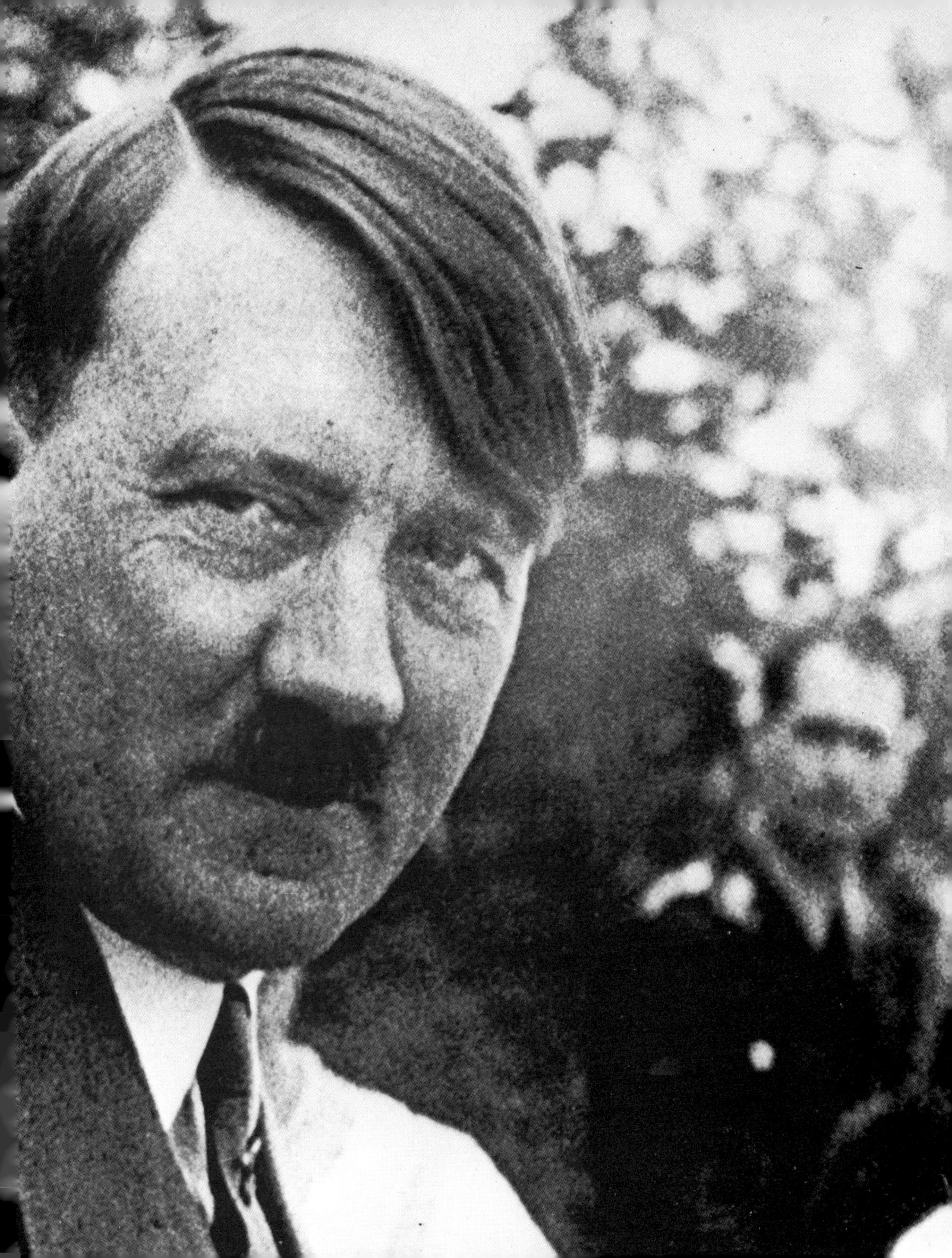

Hitler begrüßt den greisen General von Litzmann, Teilnehmer des Ersten Weltkrieges, auf dem Obersalzberg.
General von Litzmann war ein glühender Anhänger Hitlers und seiner Partei und fungierte als Alterspräsident des Deutschen Reichstages.
Er hatte Hitlers Vorgehen vom 30.6.1934 mit der Autorität seiner Person bei Hindenburg erfolgreich vertreten und war bis zu seinem Tode 1936 eine Symbolfigur für die konservativen kaiserlich geprägten Militärs. ▷

Abb. Seite 117 unten:
Der »Berghof« im Winter 1935.
Hier, in der fast unberührten Bergwelt des Berchtesgadener Landes, reiften Hitlers maßlose Pläne. ▷

Hitler nimmt die Meldung über das Wahlergebnis im Saarland entgegen.
Im Januar 1935 hat sich die Mehrheit der Bewohner des 1919 von Deutschland wirtschaftlich abgetrennten Saarlandes für eine Rückkehr ins Deutsche Reich entschieden. ▽

Hitler liest die Pressekommentare über die unter der Aufsicht des Vökerbundes erfolgte Abstimmung des Saarlandes. ▽

WL-48103

◁ Einmarsch deutscher Truppen - der neuen Wehrmacht - in das seit 1919 entmilitarisierte Rheinland. Ein weiterer Erfolg Hitlers. Er hatte - wieder ohne äußere Gewaltanwendung - ein Ziel nationaler Politik erreicht, das den Politikern vor ihm auch nicht ansatzweise gelungen war.

Abb. Seite 118 unten:
Hitler und sein genialer Propagandist Goebbels sowie Gauleiter Wagner beim Abhören ausländischer Rundfunk-Kommentare zur Rheinbesetzung.

Auf dem Obersalzberg:
Hitler und Eva Braun betrachten ein Geschenk.

Hitler und Goebbels geben Autogramme. Unermüdlich und mit wachsendem Erfolg bemühte sich Goebbels, das Bild Hitlers in der Öffentlichkeit stets präsent zu halten. ▷

Hitler und seine Schwester Angela Raubal, die Mutter seiner Nichte Geli, auf dem Obersalzberg.
Hitler hatte sich zwar 1935 von seiner Schwester getrennt, empfing sie aber im Laufe der folgenden Jahre immer wieder zu Besuch. ▽

Hitler mit seinem Schäferhund vor der Holzlege des Hauses »Wachenfeld«. Zu seinen Hunden hatte Hitler immer schon ein besonderes Verhältnis gehabt. ▽

△
Das offizielle Olympia-Plakat für die Olympischen Sommerspiele in Berlin 1936. Diese Internationale Veranstaltung bildete für Hitler und das Dritte Reich eine ungewöhnliche Gelegenheit zur Selbstdarstellung.

Auf der Terrasse des »Berghof«: Heß (stehend), rechts neben Hitler sein Chefpilot H. Baur. ▽

Hitler liest zufrieden die Kommentare zu den Olympischen Sommerspielen. ▷

△
Kardinal Faulhaber, Erzbischof von München und Freising, besuchte Hitler am 4.11.1936 auf dem Berghof.
Hitler vermochte seinen Besucher von der Notwendigkeit eines Vorgehens gegen den Bolschewismus zu überzeugen.
Kardinal Faulhaber war von Hitlers konsequentem Antibolschewismus und seinen sozialen Gedankengängen fasziniert. Er erlag jedoch keinesfalls dem Charisma seines Gastgebers. Ihm, dem gläubigen Christen fehlte die ethische und religiöse Basis in Hitlers Gedanken. So blieb Faulhaber bis zum Ende des Dritten Reiches ein Gegner des Nationalsozialismus.

△
Hitler begrüßt auf dem Reichsparteitag in Nürnberg 1934 den von ihm ernannten evangelischen »Reichsbischof« Ludwig Müller und den katholischen Abt Albanus Schachleiter (links).

◁ Ein besonderer Gast zu Besuch auf dem Obersalzberg. David Lloyd George, Premierminister Großbritanniens im Ersten Weltkrieg und damals erbitterter Feind des Deutschen Reiches. Seine einstige Gegnerschaft hatte sich in aufrichtige Bewunderung gewandelt.

Lord Rothermere, mit über 25 Zeitungen Englands Zeitungskönig, zu Besuch bei Hitler – 7.1.1937.
Lord Rothermere versuchte, aus offensichtlicher Sympathie zu faschistischen und nationalen Gedankengängen, über seine Publikationen Einfluß auf die öffentliche Meinung Englands (im Sinne der auch in England tätigen faschistischen Liga) zu nehmen. ▽

An den Fuehrer und Reichskanzler.

Beim Verlassen Deutschlands danken die Herzogin von Windsor und ich Ihnen aufrichtig fuer die grosse Gastfreundschaft, die Sie uns gewaehrt Haben und fuer die vielen Moeglichkeiten, das zu sehen, was fuer das Wohl der schaffenden Deutschen getan wird.

Wir nehmen einen tiefen Eindruck von unserer Reise durch Deutschland mit und werden nie vergessen, mit welcher Aufmerksamkeit wir von Ihren Beauftragten umgeben worden sind, und eine wie herzliche Aufnahme wir ueberall gefunden haben.

Besonders danken wir Ihnen fuer die schoenen Stunden, die wir mit Ihnen auf dem Obersalzberg verbracht haben.

EDWARD

Edward

23-X-37

◁◁
Der vornehmste Besuch auf dem Obersalzberg war zweifellos der des Herzogpaares von Windsor – am 22.10.1937. Der abgedankte König Eduard VIII. und seine Frau, wurden wie Staatsgäste empfangen. Hitler versprach sich von diesem Besuch eine außerordentliche Wirkung auf die öffentliche Meinung in England. Eduards Deutschfreundlichkeit war echt, und er brachte dem Dritten Reich – mit Vorbehalten – Sympathien entgegen. Die von Hitler während des Besuches des Herzogpaares auf dem Obersalzberg angestrebte Vermittlerrolle zur Herstellung freundschaftlicher Beziehungen zu Großbritannien konnte und wollte er nicht übernehmen.

Das Schreiben, in dem sich das Herzogpaar für die Gastfreundschaft und die schönen Stunden auf dem Obersalzberg bedankt.
◁

Am 20.11.1937 empfängt Hitler den britischen Außenminister Lord Halifax auf dem »Berghof«. Neben Hitler Reichsaußenminister v. Neurath, dahinter Brückner. ▽

Albert Forster, Gauleiter von Danzig. Seit 1930 war der aus Fürth stammende Forster Gauleiter der Freien Stadt Danzig. Das erklärte Ziel der NSDAP, den Zusammenschluß aller Deutschen, ließen Hitler und seine Gefolgsleute nie aus den Augen. ▽

Frau Forster, die Gattin des Gauleiters von Danzig, bei Hitler auf dem Obersalzberg.
An diesem 22.4.1937 – Hitler gibt sich betont zivil und hausväterlich – waren die Beziehungen des Dritten Reiches zu Polen alles andere als gut.
▽

Carl Jacob Burckhardt, der Hohe Kommissar des Völkerbundes in Danzig (von 1937–1939).
Burckhardt, ein angesehener Gelehrter und Humanist, wurde vom Völkerbund, dem offiziell das Mandat über die »Freie Stadt« Danzig übertragen war, zum Hohen Kommissar bestellt. Er versuchte, eine ausgleichende Politik zwischen den Deutschen und Polen zu betreiben. Da er keine Exekutivgewalt besaß, waren seine Bemühungen, besonders vom Sommer 1939 an, ohne Erfolg.
▽

Eine französische Wirtschaftsdelegation besucht Hitler auf dem Obersalzberg. Im Jahre 1937 ließ Hitler keine Gelegenheit außer acht, den positiven Eindruck, der durch die Olympischen Spiele eine Jahr zuvor entstanden war, zu vertiefen. Vor allem das westliche Ausland wurde von ihm umworben und die Besucher aus diesen Ländern – Jugendgruppen, Wirtschaftsdelegationen, Diplomaten wurden immer wieder von seiner Friedensliebe überzeugt. ▽

PAVILLON MOSLANDERKOPF OBERSALZBERG
Geprüft:
Bezirksbaumeister
7.1.1937

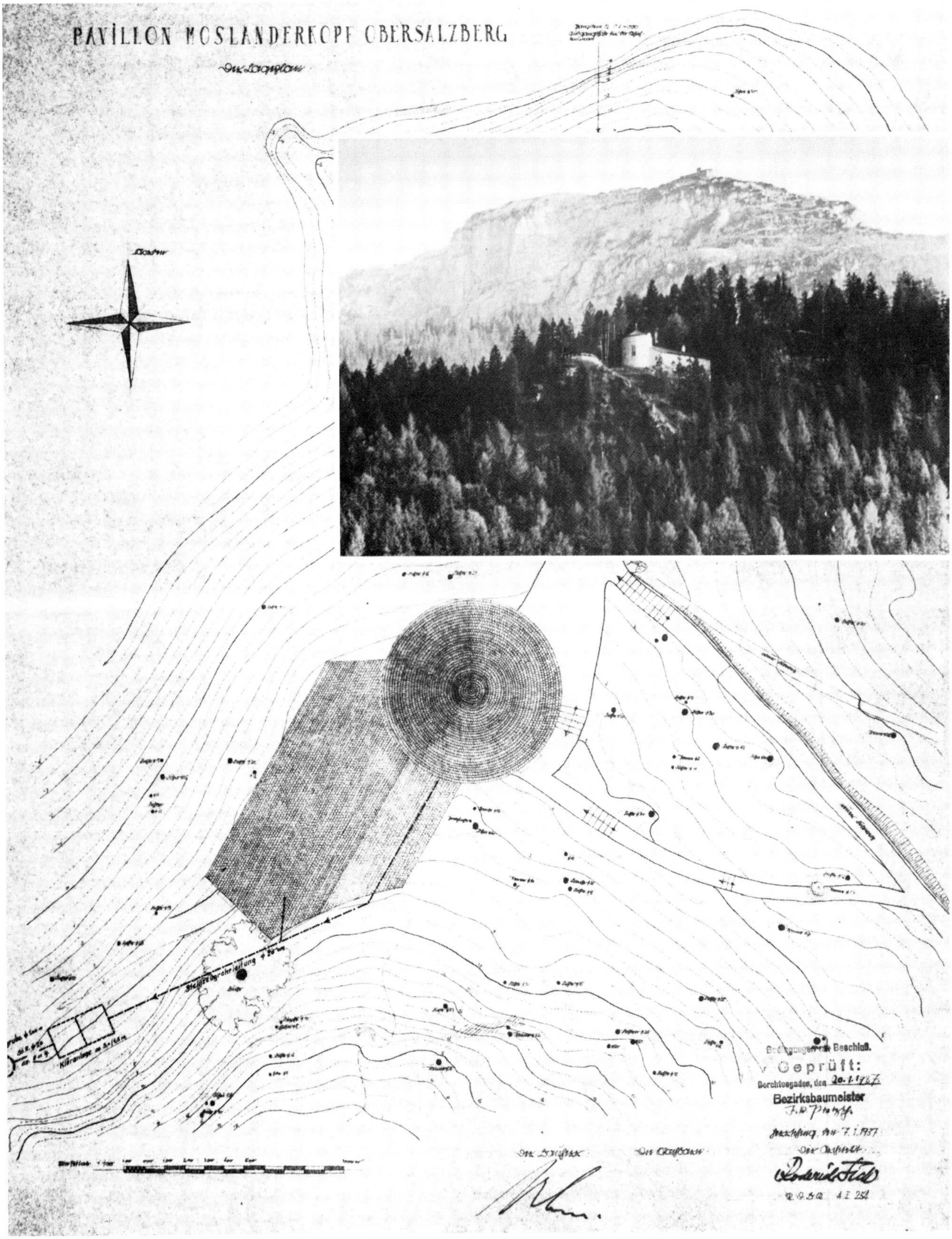
PAVILLON MOSLANDERKOPF OBERSALZBERG
Geprüft:
Berchtesgaden, den 20. 1. 1937
Bezirksbaumeister

◁◁ Abb. Seite 130/131:
Der Pavillon auf dem Mooslanderkopf. Nach einer Idee Bormanns, entwarf der neue Architekt für die Bauten auf dem Obersalzberg Prof. Roderich Fick, eine eigenwillige Kreation.
Durch die Wahl eines Rundbaues hatten die Besucher einen herrlichen Blick in die einmalige Landschaft des Berchtesgadener Landes. Die Wirtschaftsräume schlossen sich – eng an einen Hang gelehnt – dem Pavillon an.
Der Bau wurde im April 1937 begonnen und am 9.8.1937 durch Hitler offiziell eröffnet.
Die Ausstattung war der einfachen Ausführung des gesamten Bauwerkes entsprechend. Der Fußboden und die Fensterbänke aus Solnhofener Marmor mit Intarsien. Ein runder Tisch bot 8 Personen Platz. Für die Wachen war der Nebenraum vorgesehen.
Dies war das Teehaus Hitlers; sein täglicher Spaziergang nach dem Essen führte ihn über den Gutshof hierhier.

Hitler mit Besuchern vor dem Teehaus. Von der kleinen Terrasse, unmittelbar vor dem Pavillon, hatte man einen herrlichen Blick in das Schellenberger Tal. Neben Hitler – mit dem Rücken zum Fotografen – Prof. Porsche, der von Hitler als Konstrukteur des späteren Volkswagens und während des Krieges als Panzerkonstrukteur außerordentlich geschätzt wurde. Neben Prof. Porsche Dir. Werlin von Mercedes. ▽

Das Relief »Pan« des Bildhauers Wackerle war für das Teehaus vorgesehen. Bei der Großen Deutschen Kunstausstellung in München wurde es als unverkäufliches Werk ausgestellt. ◁

Der Pavillon wurde auch im Winter von Hitler häufig besucht.
Im Gegensatz zum Kehlsteinhaus, das ausschließlich repräsentativen Charakter hatte und für wichtige Gäste Hitlers in seiner Eigenschaft als Staatschef gebaut wurde, war das Teehaus auf dem Mooslander Kopf ausschließlich für private Zwecke gedacht. ▷

Der österreichische Bundeskanzler Dr. v. Schuschnigg bei Hitler auf dem Obersalzberg. Am 12. 2. 1938 versuchte v. Schuschnigg, Hitler von der Loyalität Österreichs zum deutschen Reich zu überzeugen. Hitler ließ ihm keine Chance.
Das Bild ist eine Fotomontage. Wegen des schlechten Wetters konnten keine Aufnahmen gemacht werden.
V. Schuschnigg trug bei der Besprechung mit Hitler Zivil. ▷

43. Jahrgang / Nr. 8

Wiener Bilder

Illustrierte Wochenschrift

In der Aussprache, die am 12. Februar zwischen dem Bundeskanzler Dr. Schuschnigg und dem deutschen Reichskanzler auf dem Obersalzberg bei Berchtesgaden stattgefunden hat, wurden alle Fragen der Beziehungen zwischen Oesterreich und dem Deutschen Reich eingehender Erörterung unterzogen. Es ergab sich hiebei die Uebereinstimmung darüber, daß beide Teile fest entschlossen sind, an dem Uebereinkommen vom 11. Juli 1936 festzuhalten. Unsere Aufnahmen: Das Haus des Reichskanzlers auf dem Obersalzberg mit dem Arbeitszimmer, in dem die Unterredung stattfand

◁ Die »Wiener Bilder« brachten eine ausführliche Reportage über das Treffen auf dem Obersalzberg. Das Foto zeigt das in Bischofswiesen errichtete Gebäude für Reichsminister Dr. Lammers, den Chef der Reichskanzlei – nicht den »Berghof«.

14.3.1938 in Wien. Hitler verkündet den »Eintritt meiner Heimat in das Deutsche Reich«.
▽

Der Anschluß Österreichs entsprach der Mehrheit des österreichischen Volkes. Die Hunderttausende, die Hitler auf dem Heldenplatz zujubelten, die vielen Tausend, die den Weg Hitlers von Braunau bis Wien in wahrer Begeisterung begleitet hatten, waren nicht befohlen worden.
Für tausende Österreicher und zahlreiche Emigranten aus dem Dritten Reich begann die Zeit der Verfolgung, Deportation und Ermordung. In der Nacht vor dem Einmarsch deutscher Truppen war Himmler mit einem zahlreichen Gefolge in Wien eingetroffen, um die Verhaftungen Oppositioneller vorzubereiten. Zwei Wochen nach dem »Anschluß« rollte der erste große Transport politischer und krimineller Häftlinge nach Dachau.

△
Das Kehlsteinhaus auf dem Hohen Göll. Seit der Obersalzberg offizieller Regierungssitz Hitlers geworden war, häuften sich die Staats- und Prominentenbesuche.
Der unermüdliche Bormann suchte nach einer Lösung, um den Gästen Abwechslung zu bieten. Bei seinen zahlreichen Streifzügen auf dem Obersalzberg und der Umgebung fiel ihm die beherrschende Lage des Kehlsteins, des nördlichen Ausläufers des Hohen Göll besonders auf. Der Kehlsteingipfel liegt 900 m über dem Obersalzberg.
Bormann beschloß nun, Hitler ein besonderes »Geschenk« zu seinem bevorstehenden 49. Geburtstag zu machen. Er besprach mit Prof. Fick und Dr. Todt die Möglichkeit, ein repräsentatives Haus auf dem Kehlstein zu errichten. Es sollte ausschließlich für kurze Besuche dienen und dem Gast einen unvergleichlichen Eindruck der umgebenden Landschaft bieten.

Das Kehlsteinhaus. Diese hervorragende Luftaufnahme vermittelt einen Eindruck von der Landschaft, die den eigenwilligen Bau umgibt. ▷

Die Kehlsteinstraße mit einem der vier Tunnel. ▷
Die Straße wurde 1937 in voller Länge fertiggestellt. Sie war eine technische und organisatorische Meisterleistung. Für die Fundamente mußte man Tiefen bis 15 und mehr Meter graben, zahlreiche Sprengungen vornehmen und vor allem täglich – auch in den 6 Wintermonaten – arbeiten. Bei dem hektischen Arbeitstempo passierten auch einige tödliche Unfälle.
Für die Arbeiten wurden teilweise österreichische Fachleute herangezogen, die Erfahrungen im Bau von Gebirgsstraßen hatten (Großglocknerstraße). Die Straße war für Hitlers Besucher, Eva Brauns Gäste und Bormann bestimmt und daher für die Öffentlichkeit gesperrt.

Die Straße endet an einem Wendeplatz, 120 m unterhalb des Kehlsteinhauses. Im Bild der Eingang in den 120 m langen Stollen. Über einen besonderen Aufzug (Fassungsvermögen 46 Personen) gelangt man in das Kehlsteinhaus. ▽

Blick vom Kehlsteinhaus auf den Watzmann. Das Zimmer war speziell für Eva Braun eingerichtet worden. ▷

Blick in den Aufzugschacht. Der Aufzug wird von einem U-Boot-Dieselmotor betrieben. Wegen der hohen Beschleunigung, die Hitler nicht vertrug, mußte am Ende des Schachtes das Aufziehen der Kabine verlangsamt und per Hand von einem Soldaten langsam die letzten Meter befördert werden. ▷ ▽

Der Stollen, der zum Aufzug führt. Er ist mit Granit ausgelegt und vollkommen isoliert. ▽

◁ Das Kehlsteinhaus mit Blick auf den Watzmann.
Hitler war unmittelbar nach der offiziellen Eröffnung täglich mehrmals auf dem Kehlstein. Er war von der Lage des Hauses, der Ausstattung und der gemütlichen Atmosphäre begeistert. Allerdings stellte sich bald heraus, daß er die Höhenluft nicht vertrug.
Eva Braun nutzte - genau wie Bormann - jeden schönen Tag, um in Begleitung auf das Kehlsteinhaus zu kommen.

Das Kehlsteinhaus gegen das ▷ Lattengebirge.
Diese Aufnahme vermittelt den überwältigenden Eindruck, den man auch vom Inneren des Kehlsteinhauses hat. Hier offenbart sich die unvergleichliche Lage dieses Repräsentationsbaues ganz deutlich.

Hitler mit seinen Architekten. ▷ Links der Gauleiter von Oberdonau (wie Oberösterreich damals hieß) Eigruber.
Hitler am Modell der Uferbebauung seiner »geliebten Stadt Linz« mit Architekt Prof. Giesler ab 1940 Architekt auf dem Obersalzberg.
Neben Giesler Dir. Ganzenmüller, Chef der Reichsbahn. Daneben Architekt Prof. Fick.
Prof. Fick war von 1937–1940 für die Bauten auf dem Obersalzberg zuständig (Gutshof, Hotel Platterhof, Teehaus, Kehlsteinhaus, SS-Kaserne, Theaterhalle, Siedlung Klaushohe).

◁ Die Halle im Kehlsteinhaus. Sie bildet das Herzstück des Hauses. In rustikalem, alpinem Stil, die Mauern aus Granitquadern gefügt, die Decke mit imposanten Balken gefaßt, der Fußboden aus Marmor, bildet das ganze eine wohlproportionierte Einheit.
Der rote Kamin war ein Geschenk Mussolinis. Hier fanden die Gespräche in kleinerem Kreis statt.
Den Bombenangriff vom 25.4.1945 überstand das Kehlsteinhaus unbeschädigt.
Unmittelbar nach der Besetzung des Obersalzberges sah das Kehlsteinhaus wieder illustre Gäste – die Sieger. Neben General Lequlerc, Eisenhower, waren auch Russen zu Besuch.

Hitler mit Familie Goebbels auf dem Kehlstein.
Goebbels lächelt deutlich gequält. Dieser friedlichen Idylle waren stürmische Wochen vorausgegangen.
Goebbels hatte sich leidenschaftlich in die damals sehr bekannte Schauspielerin Lida Baarova verliebt. Seine Neigung ging soweit, daß er sich von seiner Frau Magda scheiden lassen und seinen Ministerposten aufgeben wollte. Er ersuchte Hitler um Genehmigung und erfuhr eine konsequente Ablehnung. Als er seine Beziehungen zu Lida Baarova fortsetzte, befahl ihn Hitler zu sich auf den Obersalzberg, sperrte ihn 1 Woche lang in das nahegelegene Haus Bechstein und ließ Magda Goebbels mit den Kindern kommen. Die Versöhnung fand am 23.10.1938 statt. ▷

△
Konrad Henlein, Führer der sudetendeutschen Partei in der CSR zu Besuch bei Hitler auf dem Obersalzberg.
Auf Wunsch des englischen Politikers Lord Runcinan empfing Hitler am 2.9.1938 den sudetendeutschen Politiker zu einer Aussprache. Die Forderungen der Prager Regierung hinsichtlich einer möglichen Autonomie der sudetendeutschen Bevölkerung behagten Hitler ganz und gar nicht.

164

Donnerstag, 15.9.1938 Obersalzberg.

---

1o.15 Uhr Herr Wagner Ausw.Amt meldet Start Mr.Chamberlains
12.oo " weitere Positionsmeldung
12.36 " Landungsmeldung aus München.
Der Führer genehmigt das vorgesehene Programm
13.4o " Besprechung mit General Keitel
Obersturmführer veranlasst die zum Empfang
Chamberlain zu erweisenden Ehrenbezeigun
Wache 1/8 Grand Hotel
Ehrenwache 1/3o Berghof
Ehrenposten "
Geburtstagstelegramm an General Daluege
Wagen für Empfang der Engl. stellt Stab Hess.
Vertreter der Bavaria Wochenschau (Wilke) wird
bestellt.
16.o5 " Eintreffen des Sonderzuges in Berchtesgaden.
17.1o " Es treffen folgende Herren auf dem Berghof ein:
Mr. Chamberlain, Henderson, Strang, Wilson -
Reichsaussenminister v.Ribbentrop, Staatssekr.
Weiczaecker, Chef des Prot.v.Dörenberg.
Tee-Empfang in der grossen Halle.

\- 2 -

165

17.3o Uhr Besprechungen zwischen dem Führer und
Mr. Chamberlain (Dolmetscher Schmidt)

2o.1o " Mr.Chamberlain verabschiedet sich.

2o.15 " Besprechung mit dem Reichsaussenminister
von Ribbentrop

21.2o " Abendessen.

21.5o " Film : Vier Gesellen. (nicht gut beurt.)

24.oo " Der Führer verabschiedet sich.

Protokoll eines bedeutenden Ereignisses: der Tagesablauf Hitlers vom 15.9.1938. ▷

Ein nervöser Hitler auf der ▷ Terrasse des »Berghof«. Neben ihm Heß, der »Stellvertreter des Führers«. Heß war wie Hitler ein Befürworter der englisch-deutschen Zusammenarbeit, die freilich niemals auch nur ansatzweise zustande kam. Bei dem Treffen Hitlers mit Chamberlain schien sich für das Deutsche Reich eine Verständigung anzubahnen – die maßlosen Pläne Hitlers verhinderten aber in Zukunft jeden weiteren konstruktiven Dialog.

Hitler hat Chamberlain am ▷ Fuß der Treppe des »Berghof« begrüßt. Neben Chamberlain Dolmetscher Dr. Schmidt.
Wegen der militärischen Präsenz in der Halle des »Berghof« wollte Chamberlain die Verhandlungen mit Hitler alleine führen. Sie zogen sich in das im 1. Stock gelegene Arbeitszimmer zurück.

Hitler führt Chamberlain und die englisch-deutsche Delgation in den »Berghof«. △
V. l. n. r.: Dolmetscher Dr. Schmidt, Chamberlain, Hastings, Reichsaußenminister v. Ribbentrop, Staatsminister Meißner, General Keitel.

Freitag, 16.9.1938. Obersalzberg. 166

| | | |
|---|---|---|
| 9.3o | Uhr | Herr Wagner, Ausw.Amt meldet Abfahrt Chamberlains. |
| 11.oo | " | Obersturmführer Wünsche veranlasst Fahrt des Sonderzuges des Führers nach München. |
| 12.4o | " | Besprechung mit General Keitel und Major Schmundt |
| 12.5o | " | Flugpolizei München meldet Start der engl.Maschine. |
| 14.oo | " | Gruppenführer Schaub meldet sich ab nach München. |
| 15.45 | " | Dr. Todt trifft auf dem Berghof ein. |
| 16.1o | " | Fahrt zum Kehlsteinhaus. |
| 18.oo | " | Dr. Todt verabschiedet sich. |
| 18.15 | " | Besprechung mit dem Stellvertreter K.Henleins und Obergruppenführer Lorenz |
| 2o.1o | " | Besprechung mit dem Reichsaussenminister |
| 21.1o | " | Abendessen: Es nahmen teil : Reichsaussenminister von Ribbentrop, Herr Hevel, Reichsleiter Bormann, Dr. Dietrich |
| 21.35 | " | Film: Am Seidenen Faden (nicht gut beurt.) |
| 1.3o | " | Der Führer verabschiedet sich. |

Hitler beim Einmarsch in Karlsbad.
Aufgrund des Münchner Abkommens (30.9.1938) marschierte die deutsche Wehrmacht im Oktober in die durch Vertrag (von Frankreich, England, Italien und dem Deutschen Reich unterzeichnet) festgelegten Gebiete des Sudetenlandes in der CSR ein. ▷▷

Auf dem Kehlsteinhaus am 17.10.1940. ▷
Hitler im Gespräch mit Prinzessin Marie Josè von Savoyen. Sie war eine Schwester König Leopold III. von Belgien und Gattin des italienischen Kronprinzen Umberto.
Hitler war, obwohl er den Hochadel im allgemeinen und das italienische Königshaus im besonderen verachtete, aus politischen Gründen um gute Beziehungen zum italienischen Herrscherhaus bemüht.
An diesem Tag wurde auch – wegen einer Unachtsamkeit Marie Josè gegenüber (sie erhielt einen zu heißen Tee vorgesetzt) – der langjährige Vertraute und Adjutant Hitlers, Wilhelm Brückner, entlassen. Nach Aussagen Kannenbergs hatte Brückner das Servieren des Tees an den Gast Hitlers veranlaßt – der »Führer« immer bemüht, ein vollendeter Gastgeber zu sein, nahm den Fauxpas zum Anlaß, Brückner und einen weiteren Adjutanten, die er für den Vorfall verantwortlich machte, zu entlassen.

Hitler mit Philipp, Prinz von Hessen, auf dem Kehlsteinhaus.
▽

Der italienische Außenminister und Schwiegersohn Mussolinis, Graf G. Ciano, mit Hitler auf dem Kehlsteinhaus. Es war der schicksalhafte Sommer 1939 - (13.8.1939).
Hitler hatte Ciano in einer stundenlangen Rede von der Unfähigkeit der westlichen Demokratien zur Lösung anstehender Probleme zu überzeugen versucht. Ciano warf gelegentlich ein, daß Italien für einen Krieg keineswegs gerüstet sei.
Hitler mußte erkennen, daß er - was den Beistand Italiens bei einer militärischen Auseinandersetzung mit den Westmächten betraf - keinerlei Unterstützung haben könnte.
Ciano war von Hitlers Entschlossenheit, einen Krieg gegen Polen und damit möglicherweise gegen die Westmächte England und Frankreich zu führen, betroffen. Das hinderte ihn aber nicht, Hitler in der Folgezeit immer wieder seine Treue zu versichern.
▽

Unity Mitford. Sie war Kunststudentin in München und seit ihrer Begegnung mit Hitler eine seiner glühendsten Verehrerinnen. Hitler mochte die aufgeschlossene, fröhliche Unity - Tochter von Lord Redesdale - und zeigte ihr und Magda Goebbels am 21.10.1938 das Kehlsteinhaus. Auf dem Bild U. Mitford in der Uniform der englischen Faschisten. ▷

Ein nachdenklicher Hitler auf der Terrasse des »Berghof«. ▷
Die diplomatischen und militärischen Vorbereitungen für die Zerschlagung der restlichen Tschechoslowakei liefen bereits. Hitler brauchte die CSR in mehrfacher Hinsicht: als Ausgangspunkt für weitere Operationen gegen den Osten (Polen und die UdSSR), als Lieferant für hochwertige Rüstungsgüter (Skoda-Werke) und als zusätzliche landwirtschaftliche Basis.
Die geographische Lage der CSR erforderte entweder ein freundschaftliches Verhältnis – zu dem sich der Slawenhasser Hitler niemals durchringen konnte – oder die von ihm betriebene militärische Lösung.

Eine chinesische Wirtschaftsdelegation besucht Hitler auf dem »Berghof«. ▽

Besuch des südafrikanischen Politikers Pirow bei Hitler auf dem Obersalzberg. Neben ihm Reichsaußenminister v. Ribbentrop, dahinter Hitlers Adjutant Schaub. ▷

Besuch des spanischen Botschafters, Maquez de Magaz am 6.8.1937 bei Hitler auf dem »Berghof«. Neben Hitler SA-Chef Lutze.
Die Zustände in Spanien vor dem Eingreifen Francos ließen den Schluß zu, daß eine Volksfront-Regierung unter kommunistischer Dominanz in Spanien die Macht ergreifen wollte.
Hitlers Hilfe in Form der »Legion Condor« mußte Franco bis 1945 in Form von Erzlieferungen (hauptsächlich Kupfer) zurückzahlen. ▷

◁ Hitler und Ciano – Besuch der Italiener am 12. 8. 1939 auf dem Obersalzberg (Bildmitte: Dolmetscher Dollmann).
Der feste Händedruck, die prächtigen Uniformen, all das täuschte über das negative Ergebnis der Besprechungen zwischen Hitler und Ciano an diesem Tag hinweg.
Hitler wollte die Versicherung Italiens, daß das Land im Falle eines europäischen Krieges an der Seite Deutschlands teilnehmen würde.
Ciano lehnte das Ansinnen Hitlers ab.

◁ Ein mißvergnügter Hitler unterhält sich mit einem Teilnehmer der italienischen Delegation.

Hitler mit dem französischen Botschafter François Poncet auf dem Kehlsteinhaus - 18.10.1938. ▷
Poncet war ein guter Kenner deutscher Verhältnisse Ende der dreißiger Jahre. Gerade nach dieser - letzten - Besprechung mit Hitler war François Poncet davon überzeugt, daß Hitler nach dem billig errungenen Sieg über die Westmächte (Münchner Abkommen vom 30.9.1938) seine Machtsphäre ungestüm weiter ausdehnen würde.

Am 24.11.1938 empfängt Hitler den rumänischen König Caroll II. zu einem privaten Besuch auf dem »Berghof«. Carol II. befand sich in Begleitung seines Sohnes Michael. Bei der anschließenden Besprechung war auch Reichsaußenminister v. Ribbentrop anwesend. ▷
Kronprinz Michael war von der Unterredung so gelangweilt, daß er nach kurzer Zeit begann höchst unköniglich in seiner Nase zu bohren. Für Hitler war dieses Benehmen ein weiterer Beweis für die Degeneration des Hochadels. Nach dem Besuch auf dem Obersalzberg wurde Michael auch das Deutsche Museum gezeigt. Seiner ungestümen Begeisterung fielen zahlreiche Exponate zum Opfer, die mühevoll wieder repariert werden mußten.
Nach dem Sturz Carol II. (1940) und der Machtübernahme durch den neuen Staatschef Antonescu wurde Rumänien Verbündeter Deutschlands und zog in den Krieg gegen die UdSSR.

Silvester 1938 auf dem »Berghof«.
Das letzte Friedensjahr des »Dritten Reiches« war zu Ende. Die Unbeschwertheit der privaten Gesellschaft (im Vordergrund Intendant Kannenberg, der für die Organisation größerer Empfänge Hitlers verantwortlich war) spiegelt die Stimmung der Mehrheit der Bevölkerung Deutschlands in jenen Tagen wider.
Europa war um den gefürchteten Krieg noch einmal herumgekommen.
Nur wenige Eingeweihte kannten die Pläne Hitlers für die nächste Zeit.
▽

Neujahr auf dem Obersalzberg. Am 1.1.1939 genießen Hitler und Bormann (neben Hitler der alte Kampfgefährte aus den frühen Tagen, Hermann Esser, hinter Bormann Hitlers Begleitarzt Dr. Brandt) die Faszination des Böllerschießens der Berchtesgadener Schützenvereine.
Hitlers Interesse an der uralten Tradition der Berchtesgadener Schützen war zwiespältig. In einem seiner Monologe während des Krieges bedauerte er, daß er den Weihnachtsschützen das Pulver für ihre Knallerei spendiert hätte.
◁

Hitler bedankt sich bei den Weihnachtsschützen von Berchtesgaden. Nach einem alten Brauch veranstalten die Weihnachtsschützen am Heiligen Abend und Silvester ein Böllerschießen. Sie beginnen im Ort und wandern dann durch die Umgebung bis hinauf zum Obersalzberg.
Neun Monate nach dieser Veranstaltung wurde in Europa scharf geschossen. ▽

◁ Ein schwerer dreiachsiger Mercedes Hitlers beim Teehaus auf dem Mooslanderkopf.
Hitler war begeisterter Autofahrer – obwohl er nie einen Führerschein besaß. Zu seiner Sicherheit war der Wagen stark gepanzert (Boden, Panzerglasscheiben).
Hitler hielt nicht viel von den Sicherheitsvorkehrungen. »Wenn mich jemand ernsthaft beseitigen will, hilft keine Vorsichtsmaßnahme«, belehrte er seine Sicherheitsbeamten. Tatsächlich ließ er sich meistens im offenen Wagen fotografieren bzw. filmen und hätte bei den vielen Auftritten in der Öffentlichkeit leicht beseitigt werden können.
Auf dem Obersalzberg wurden 4 Attentatsversuche auf Hitler unternommen.

◁ Der polnische Außenminister Oberst Beck zu Besuch auf dem Obersalzberg.
Hitler, der den Gast am 5.1.1939 empfängt, wirkt, mehr noch als bei früheren Begegnungen, sehr steif. Über diese Begegnung wurde ein nichtssagendes Kommuniqué verbreitet. Hitler hatte dem polnischen Außenminister die beabsichtigte Besetzung der Rest-Tschechei angekündigt. Dabei brauchte er natürlich das Wohlwollen der polnischen Regierung. Er versprach dem polnischen Außenminister eine Abtretung tschechischen Gebietes.

Der Schritt über die Grenzen: Am 15.3.1939 annektiert Hitler den Rest der CSR – einen Tag vorher war die Slowakei zum selbständigen Staat proklamiert worden. ▷

Das Haus »Hoher Göll« unmittelbar nach der Fertigstellung. Es war früher das Arnoldsche Kaufmann Ferienhaus.
Nach Bormanns Vorstellungen sollte das neue Haus, unmittelbar oberhalb des »Berghof« gelegen, bei seiner – Bormanns – Anwesenheit als Parteikanzlei dienen.
Architekt Fick wurde mit dem Umbau beauftragt. Der Um- und Ausbau (Arkaden) erfolgte mit wertvollen Materialien.
Das Haus wurde mit Büroräumen für Bormann, gediegenen Wohnräumen, einer Bibliothek und Küche ausgestattet.
Es diente auch dem Reichspressechef Dr. Dietrich als Aufenthalt. ▽

△
Das Fahrerwohnhaus. Dieses Haus wurde ebenfalls von Architekt Fick erbaut und lag auf dem Gelände oberhalb des »Türken«. Es war für die Fahrbereitschaft als Unterkunft eingerichtet.

Auf dem Antenberg – zwischen dem Platterhof und Gasthof Hochlenzer gelegen – wurde eine 65 m lange und 35 m breite Holzhalle errichtet. Architekt R. Fick entwarf einen auf Betonfundamenten ruhenden Bau, der für Theater- und Kinovorführungen eingerichtet war. Der einfach ausgestattete, aber technisch modern eingerichtete Bau konnte 2000 Besucher aufnehmen. Die »Theaterhalle« wie sie bald genannt wurde, diente der Erholung und Unterhaltung der vielen Arbeiter und des Wachpersonals auf dem Obersalzberg. Während des Krieges fanden regelmäßig Filmvorführungen statt.
Am 20.5.1937 eröffnete Hitler die Halle mit einer zweistündigen Rede, in der er auch sehr ausführlich auf wirtschaftliche Probleme einging und, wie es in amtlichen Veröffentlichungen hieß »... auch dem letzten Arbeiter das Wesen der nationalsozialistischen Wirtschaftspolitik nahe« brachte. ▽

◁◁ Abb. Seite 160/161:
Der »Platterhof« nach dem Umbau 1941. Nach dem Ankauf des alten Holzhauses wurde sofort mit den Planungen begonnen. Nach den Vorstellungen Bormanns sollte ein »Volkshotel« entstehen. Bormann wollte den Besuchern Gelegenheit geben, in unmittelbarer Nähe des »Führers« übernachten zu können.
Ein Hotel von den Außmaßen und der noblen Ausstattung, wie es Bormann vorschwebte, mußte natürlich einen angemessenen Preis für Übernachtung und gastronomische Leistungen verlangen. Das war der Mehrzahl der Besucher nicht zuzumuten.
So verfiel man auf die Idee, den Betrieb des neuen Hotels von der Organisation »Kraft durch Freude« (KdF) der Deutschen Arbeitsfront (DAF) finanzieren zu lassen. Für RM 1,– sollte jeder Besucher übernachten können.
Die Planungen sahen ein Haus mit 150 Räumen und 300 Betten sowie allen notwendigen Nebenräumen vor.
Auch bei diesem Bau wurde wieder äußerster Wert auf landschaftlich bezogene Form der Baukörper, solideste Ausführung und handwerkliche Verarbeitung der wertvollen und gediegenen Materialien gelegt.
Ein Kuriosum besonderer Art war, daß der gesamte Bau um das ehemalige Zimmer Dietrich Eckarts (es war nun eine Art Gedenkstätte geworden) gebaut werden mußte.
Als Hitler unmittelbar vor der Fertigstellung den »Platterhof« besichtigte, fragte er nach der Bar. Bormann hatte angenommen, daß eine solche wegen der bekannten Abstinenz Hitlers auch im »Platterhof« keinen Platz haben sollte. So war er nicht wenig verlegen und benutzte Ausflüchte. Dann mußten meterdicke Fundamente erneut beseitigt und die Bar – die nie fertig wurde – eingebaut werden.
1943 war der »Platterhof« teilweise als Genesungsheim eingerichtet.
Im Mai 1945 diente der leicht beschädigte »Platterhof« den Amerikanern als Quartier.

Abb. Seite 162:
Der Kaffeesaal des »Platterhof«. Noch vor der endgültigen Fertigstellung wurde der »Platterhof« eröffnet.
Im Jahr 1941 waren zwar keine Besucherschlangen mehr vor dem »Berghof«, die im »Platterhof« übernachten wollten, dennoch herrschte ein fast friedensmäßiger Betrieb auf dem Obersalzberg. Besucher, die sich damals einen Urlaub leisten konnten, fanden im »Platterhof« Aufnahme. Dabei handelte es sich auch um zeitgenössische Prominenz vom Film, Theater usw. So waren der Schauspieler Willi Fritsch, Gustl Waldau, die Schauspielerin Hertha Feiler u. v. a. zu Gast auf dem »Platterhof«.
Das Haus mit seiner noblen Ausstattung – alle Details waren von Architekt Fick entworfen – machte einen gediegenen Eindruck und verbreitete die gewünschte anheimelnde, alpenländische Atmosphäre.
◁

△
Blick in eine Halle mit Durchgang zum Kaffeesaal. Die Ausstattung der einzelnen Räume entsprach dem Repräsentationsbedürfnis und der geforderten Behaglichkeit.

Die Rohrpostanlage des »Platterhof«. ▽

Blick in den Weinkeller des »Platterhof«. Bis in die letzten Kriegstage bot der Keller des »Platterhof« eine große Auswahl an Spitzenweinen aus Deutschland und Europa. ▽

Die Garagenhalle mit Wohnhaus für die Angestellten des »Platterhof«.

Etwas unterhalb des Hotels lag das langgestreckte, 3geschossige Garagenhaus mit Wohnungen für die zahlreichen Angestellten des »Platterhof«. Über einen gedeckten Gang erreichten die Angestellten das Hotel.

Der »Platterhof« war das letzte Gebäude, das Architekt Fick auf dem Obersalzberg errichtete.

Schon einige Zeit hatte die selbstbewußte Art Ficks, der in hohem Ansehen bei Hitler stand, das Mißfallen Bormanns erregt. Der Nachfolger von Fick war Hermann Giesler. Auch ihn schätzte Hitler sehr. Vor allem aber kam Giesler mit Bormann gut zurecht.

Giesler baute in der Folge die Terrassenhalle auf dem »Platterhof« und einige Bauten in der Nähe des Obersalzberges.

▽

Abb. Seite 165 unten:

Beim Studium der Baupläne für das geplante Haus des Fremdenverkehrs in Berlin.

Neben Hitler Albert Speer, damals schon Generalbauinspektor für die Reichshauptstadt (Berlin) und Chefplaner und Organisator für die beabsichtigten monumentalen Bauvorhaben der künftigen »Weltstadt« Berlin, das dann Germania heißen sollte. Der Plan für die entscheidende Umgestaltung Berlins zur Weltstadt stammte von Hitler. Er hatte schon in den zwanziger Jahren Silhouettenskizzen und Detailzeichnungen einzelner beabsichtigter Bauten (Triumphbogen, Kuppelhalle) angefertigt. Nun schien die Zeit gekommen, diese Pläne zu realisieren. Speer als begabter Organisator und Bewunderer des »Führers« war dazu ausersehen, die Träume Hitlers in die Tat umzusetzen.

Rechts neben Hitler Hermann Esser,ein langjähriger Kampfgefährte. Esser war Präsident des bayerischen Fremdenverkehrsverbandes und besichtigte in dieser Eigenschaft die vorgelegten Pläne. An der Schmalseite des Tisches Alfred Rosenberg, ebenfalls ein altes Mitglied der NSDAP und einer der Entdecker und Förderer Hitlers in der Kampfzeit.«

Hitler bei der Besichtigung der Bauten auf dem Obersalzberg. Neben ihm Max Amann, Vorgesetzter Hitlers aus dem Ersten Weltkrieg, Reichsleiter und Chef des parteiamtlichen Eher-Verlages. Er managte den Vertrieb des Buches »Mein Kampf« und war somit auch Geldgeber Hitlers. Beim Bau des »Berghof«, der weit teurer war, als es sich Hitler dachte, bestritt Amann die Auslagen. Weil beim Eindecken des Daches nicht genug Geld da war, verzichtete Hitler auf eine Schindelbedachung und verwendete Blech.
Neben Amann der Reichsjugendführer und Gauleiter von Wien, Baldur von Schirach. Zwischen beiden Albert Speer. ▷

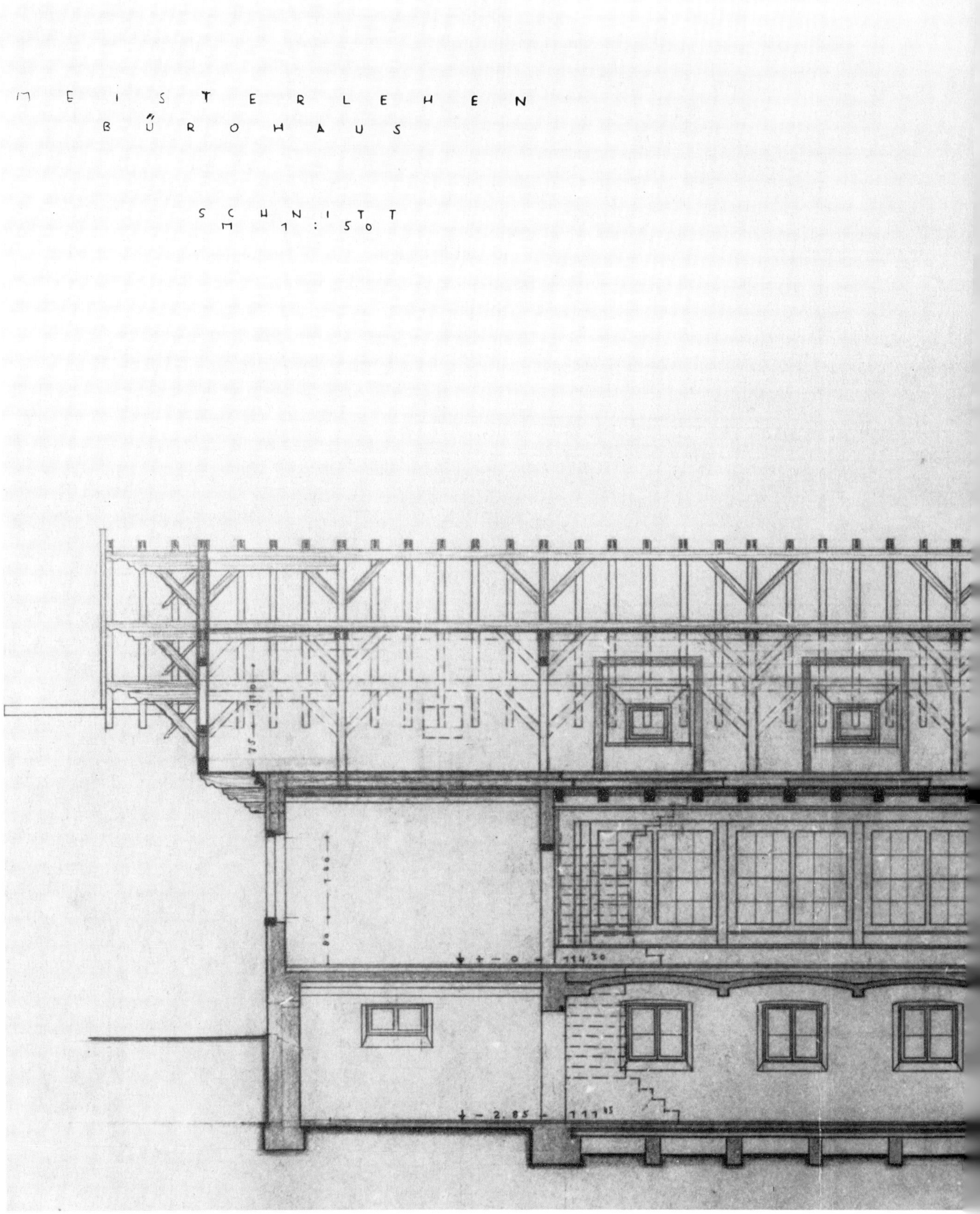
MEISTERLEHEN
BÜROHAUS
SCHNITT
M 1:50

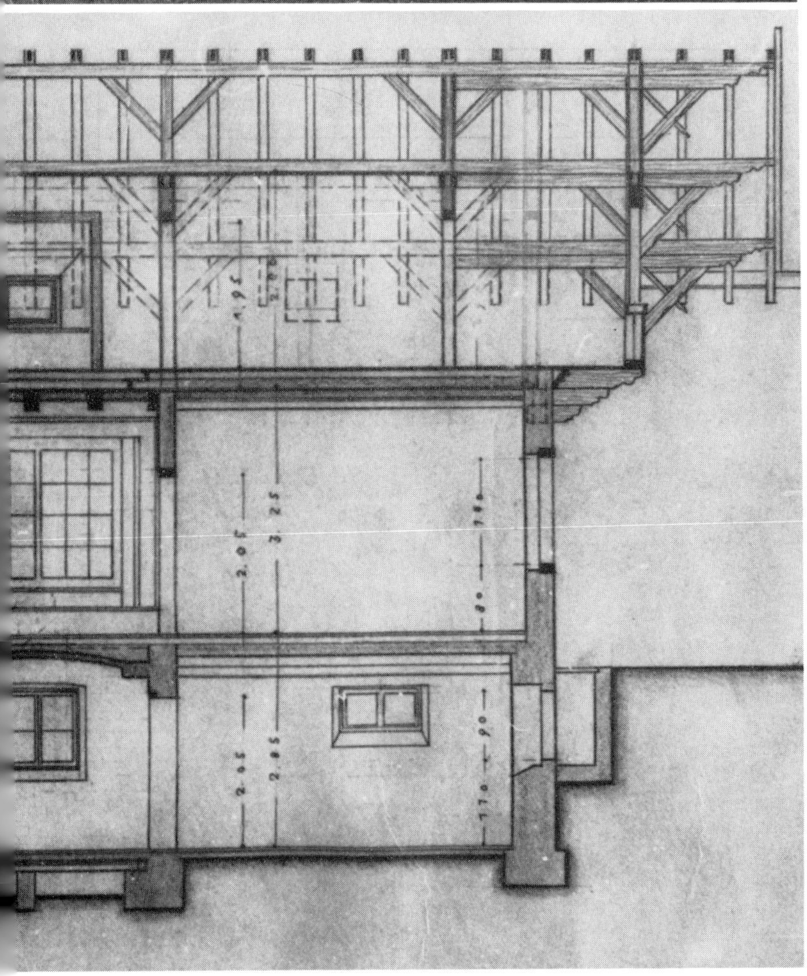

◁ ◁ Abb. Seite 166/167:
Nach dem Entwurf Speers entstand im Jahre 1938 unweit des »Platterhof« ein Atelierhaus.
Damals war Speer der erste Architekt Hitlers.
Nach dem Parteitag 1933 wurde er von Hitler spontan zum Gestalter der künftigen Parteitage in Nürnberg bestimmt. Das war der Anfang einer im Dritten Reich kometenhaften Karriere.
Binnen kurzer Zeit machte sich Speer bei Hitler unentbehrlich. Seine Bereitschaft alle Ideen Hitlers durch Erweiterung der Maßstäbe eher noch zu übertreffen, und seine überragenden organisatorische Fähigkeiten, verbunden mit einem sicheren Instinkt für alles, was Hitler in Sachen Architektur und Gestaltung gefiel, ließen ihn »zur unglücklichen Liebe« Hitlers werden, wie ein Bekannter Speers das Verhältnis der beiden zueinander beschrieb. 1943 stellte Speer das Haus als Kindererholungsheim zur Verfügung. (Die Aufnahme zeigt Speer als Leiter der »Organisation Todt« im Jahre 1943).
Es ist eines der wenigen Gebäude – auf dem schönsten Platz des gesamten Obersalzberg-Gebietes gelegen –, das den Krieg unbeschädigt überstanden hat.

Das Atelierhaus Speer oberhalb des Gutshofes. ▷

Hitler und Begleitung besichtigten das Modell des Hauses des Fremdenverkehrs. Neben Hitler Adjutant Schaub und Dr. Dietrich, Goebbels und Esser.
Das Haus des Fremdenverkehrs war eines der wenigen vollendeten Projekte. Die geplante »Große Straße« blieb, bis auf einige Erdarbeiten, ein Torso.
Buchstäblich bis zu seinem Lebensende war Hitler mit Problemen seiner Architekturentwürfe beschäftigt – in den letzten Wochen und Tagen waren sie sogar eine willkommene Ablenkung von den immer trostloser werdenden militärischen und politischen Nachrichten. ▽

◁ 1939. Letzte, friedliche Sommertage. Vorne, mit dem Gesicht zur Kamera, Kannenberg (Hausintendant), daneben Hitlers Begleitarzt Dr. Brandt, Sekretärinnen, Wolf und Schröder, Albert Speer, Reichspressechef Dr. Dietrich.

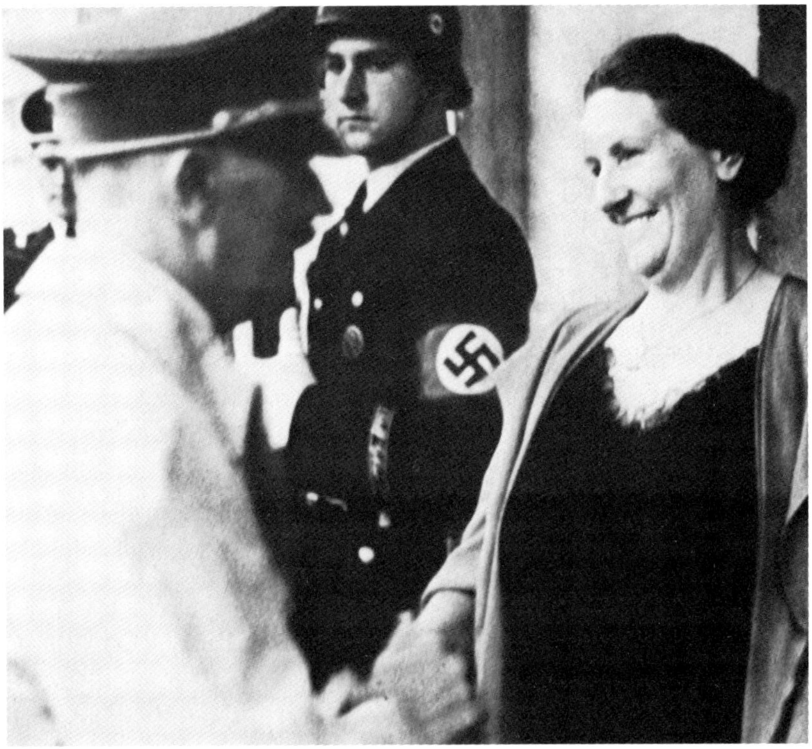

◁ Auf der Terrasse des »Berghof«, (links Adjutant Brückner).

△
Zum letzten Mal in Bayreuth. Hitler wird von der Hausherrin, Frau Winifred Wagner, begrüßt. Hitler hatte schon von Kindheit an ein besonderes Verhältnis zur Musik Wagners. Sie ging so weit, daß er sogar Proben für die Festaufführungen beiwohnte und Tips für Inszenierungen gab. Seine Vorliebe galt den Opern »Der Ring der Nibelungen«, »Tristan und Isolde« und »Parsifal«.

Der Kindergarten auf dem Obersalzberg. Daneben das Modellhaus für Architekturmodelle und Filmlager.
Diese beiden Häuser wurden ebenfalls von Architekt Fick geplant.
Der Kindergarten wurde von einer diplomierten Kindergärtnerin geführt. Er war nach modernsten Gesichtspunkten eingerichtet (Möbel für verschiedene Altersklassen, ebenso Spielzeug etc.) und stand allen Kindern der Bewohner des Obersalzberges (Angestellte, Soldaten) kostenlos zur Verfügung.
Das Modellhaus hatte neben den Räumen zur Aufnahme der umfangreichen Architekturmodelle auch eine Gipsküche (zur Anfertigung von Details und kleineren Modellen) sowie einen Filmkeller für die Wochenschaufilme und Spielfilme, die auf dem »Berghof« gezeigt wurden. ▷

◁ Der Gutshof auf dem Obersalzberg. Das Lieblingskind Bormanns war 1938 fertiggestellt worden. Er sollte auch ein Musterhof für die beabsichtigte Kolonialisierung des Ostens werden. Nach modernsten Gesichtspunkten geplant und mit großem technischen Aufwand erbaut, wurde der Betrieb nach rein privatwirtschaftlichen Gesichtspunkten betrieben. Ein Diplom-Landwirt war für die rentable Führung verantwortlich. Tatsächlich gelang es von 1942 ab – allerdings ohne Berücksichtigung einer Amortisation der gewaltigen Baukosten – einen gewinnbringenden Betrieb zu führen.

Die Schweinemästerei des Gutshofes. Dieser Betrieb, von Bormann angeregt, ▷ erbrachte außer hohen Investitionen nur eine spöttische Bemerkung von Hitler, als dieser das neue Gebäude besichtigte: »Da haben aber die Schweine eine schöne Aussicht!«

Der Innenhof mit den Stallungen für Pferde und Rinder. Auf dem Gutshof wurden unter anderem auch Zuchtversuche für eine resistente, genügsame Pferderasse für den Aufenthalt in Hochlagen vorgenommen. ▽

# VOLLMACHT

Dem Reichsminister des Auswärtigen

Herrn Joachim von RIBBENTROP

erteile ich hierdurch Generalvollmacht, im Namen des Deutschen Reiches mit bevollmächtigten Vertretern der Regierung der Union der Sozialistischen Sowjetrepubliken über einen Nichtangriffsvertrag sowie über alle damit zusammenhangenden Fragen zu verhandeln und sowohl den Nichtangriffsvertrag als auch andere sich aus den Verhandlungen ergebende Vereinbarungen zu unterzeichnen, und zwar gegebenenfalls mit der Massgabe, dass dieser Vertrag und diese Vereinbarungen sofort mit der Unterzeichnung in Kraft treten.

Obersalzberg, den 22. August 1939

»Seit 5.45 Uhr wird zurückgeschossen«, verkündet ▷ Hitler dem versammelten Reichstag am 1. 9. 1939. Der erste Schritt zur Realisierung seiner außenpolitischen Konzeption, wie in »Mein Kampf« ausführlich dargelegt begann. Hitler hatte sich – absichtlich oder nicht – versprochen. Der Angriff der deutschen Wehrmacht war bereits um 4.45 Uhr erfolgt.

◁ Der Hitler-Stalin-Pakt:
Die Vollmacht für den Verhandlungsführer Reichsaußenminister v. Ribbentrop.
Der deutsch-sowjetische Nichtangriffspakt sollte nach dem Bekanntwerden vor allem die Westmächte (Großbritannien und Frankreich) in ihrer Haltung gegenüber Polen beeinflussen.
Am 23. 8. 1939, kurz vor Mitternacht, wurde der Nichtangriffspakt in Moskau unterzeichnet, von Ribbentrop informierte Hitler umgehend. Der Weg für eine militärische Lösung des Polenproblems schien für Hitler – fast – frei. Er hoffte, daß sich die Briten und Franzosen nicht rasch genug zu einer entschlossenen Haltung gegenüber dem Deutschen Reich entschließen würden.

Ein Toast unter »Freunden«. Nach Abschluß des Vertrages prosten sich Stalin, Molotow und Heinrich Hoffmann zu. ▽

# 1939 - 1945

Zwei Tage nach dem Einmarsch deutscher Truppen in Polen erklärten Großbritannien und Frankreich dem Deutschen Reich den Krieg.
Hitler hatte zwar das unberechenbare Rußland durch den Nichtangriffspakt aus dem Krieg herausgehalten, mußte aber dennoch einen Zweifrontenkrieg führen. Alle Überlegungen, Prophezeiungen und Hoffnungen Hitlers hatten sich zerschlagen.
Nach nur dreiwöchiger Kriegsdauer hatte die Armee Polens kapituliert. Hitler hatte das Desinteresse der Westmächte an einer ernsthaften Auseinandersetzung mit Deutschland richtig eingeschätzt. Der offensichtliche rasche Erfolg der Wehrmacht bestätigte Hitlers Annahme, auch große und mächtige Gegner mit Hilfe der modern ausgerüsteten und nach modernsten Grundsätzen der beweglichen Kriegführung operierenden Wehrmacht schlagen zu können.
Vor den Oberbefehlshabern der Wehrmacht erklärt Hitler: »Keiner hat das geschafft, was ich geschaffen habe. Mein Leben spielt keine Rolle dabei. Ich habe das deutsche Volk zu großer Höhe geführt, wenn man uns auch jetzt in der Welt haßt. Dieses Werk setze ich aufs Spiel. Ich habe zu wählen zwischen Sieg oder Vernichtung, ich wähle den Sieg.«
Wegen ungünstiger Witterung mußte Hitler den bereits für November 1939 vorgesehenen Angriffstermin im Westen verschieben.
Im Frühjahr 1940 ließ er handstreichartig Dänemark und Norwegen besetzen, wobei er den Engländern nur um Stunden zuvorkam. Es ging um die schwedische Erzzufuhr, von der er hätte abgeschnitten werden können, und um die Vorherrschaft in der Ost- und der Nordsee.
Ohne Rücksicht auf die Neutralität Hollands, Belgiens und Luxemburgs befahl er am 10. Mai 1941 den Angriff auf Frankreich. In atemberaubendem Tempo erkämpfte sich die Wehrmacht - mit einem Konzept, das der bisherigen Kriegführung entgegenstand - in sechs Wochen einen totalen Sieg über die Truppen Frankreichs und Großbritanniens. Hitler wurde von der nationalsozialistischen Presse als »größter Feldherr aller Zeiten« gefeiert. Wieder hatte er mit seiner Blitzstrategie recht behalten. Allerdings fehlte der entscheidende Sieg gegen Großbritannien, das unbezwungen wie ein Flugzeugträger vor dem besetzten Frankreich lag. Die Kräfte der Luftwaffe reichten bei weitem nicht aus, Großbritannien niederzuzwingen.
Kurz vor Ende des Westfeldzugs war der Achsenpartner Mussolini an der Seite Hitlers in den Krieg eingetreten, als er erkennen mußte, daß dieser ihm mit seinen glänzenden militärischen Erfolgen den Rang ablaufen würde. Als er von Libyen aus England angriff, geriet er in große Schwierigkeiten. Hitler mußte das deutsche Afrikakorps unter General Rommel nach Afrika entsenden.
Nach dem Besuch des sowjetischen Außenministers Molotow im November 1940 unterzeichnete Hitler die Weisung Nr. 21 - Fall Barbarossa. Der Krieg gegen die UdSSR stand bevor.
Für Hitler gab es politisch zwei Prioritäten: den Kampf gegen den Bolschewismus (innen- wie außenpolitisch) und den Kampf gegen das Judentum. Diesen beiden prinzipiellen Forderungen ordnete er alle anderen unter. Für ihn, den Machiavellisten, waren Bündnisse immer nur Mittel zum Zweck - ohne moralische Verpflichtung. So hatte er schon 1930 als Führer der NSDAP einen Pakt mit den Kommunisten (Generalstreik in Berlin) geschlossen, außenpolitisch war ihm zur Durchsetzung der Lebensraum-Ideen das Bündnis mit seinem Todfeind Stalin recht, um die Westmächte einzuschüchtern.
Der Abschluß des russisch-deutschen Nichtangriffspaktes im August 1939 hatte bei vielen Nationalsozialisten tiefe Betroffenheit ausgelöst (Rosenberg notierte sie in seinem Tagebuch ... »ich habe das Gefühl, als ob sich dieser Moskau-Pakt irgendwann am Nationalsozialismus rächen wird ...«). Die Intervention Italiens auf dem Balkan und die Ereignisse in Jugoslawien veranlaßten Hitler, den beabsichtigten Angriffstermin gegen die UdSSR entscheidend zu verschieben. Die deutsche Wehrmacht mußte den italienischen Truppen zu Hilfe kommen, die ohnehin angespannte Kräftelage der Wehrmacht wurde durch die unbeabsichtigten Feldzüge weiter strapaziert. Wenn überhaupt Aussichten auf eine erfolgreiche - ebenfalls auf der Blitzkriegstrategie beruhenden - Kriegführung für die deutsche Wehrmacht bestanden hatte, war sie durch die Verschiebung des Angriffstermins endgültig zunichte gemacht.
Als der deutsche Vormarsch im Dezember 1941 vor Moskau zum Stehen kam, war dies der Anfang einer Lawine, die von nun an immer schneller gegen Deutschland rollte und Hitler, das Dritte Reich und halb Europa unter sich begraben sollte.
Das Jahr 1941 war mit einem Paukenschlag zu Ende gegangen - der deutschen Kriegserklärung an die USA. Vielen Menschen war die Bedeutung dieses Schrittes nicht zu Berwußtsein gekommen.
Der weitere Kriegsverlauf schien Hitler recht zu geben. An allen Fronten stabilisierte sich die Lage, die deutschen Truppen marschierten weiter gegen Osten, das deutsche Afrika-Korps fügte den Engländern in Nordafrika erhebliche Niederlagen zu. Aber die Behandlung der besiegten Völker in West- und Osteuropa ließ die deutschen Besatzer nicht froh werden.
Dazu kam die Verschärfung der Lage der Juden in den besetzten Gebieten und im Reichsgebiet. Die Wannseekonferenz, auf der die sogenannte »Endlösung« der Judenfrage beschlossen wurde, war ein weiterer Schritt in ein grauenhaftes Verhängnis, in das Deutsche und Juden gerissen wurden.
Noch im Sommer 1942 eroberten die deutschen Truppen große Teile der UdSSR. Fast schien das selbstgesteckte Ziel Hitlers, die Linie Archangelsk-Astrachan erreichbar zu sein.
Im Herbst drehten Verbände der 6. Armee auf eine Stadt an der Wolga zu, die bis heute zum Synonym des Rußlandkrieges werden sollte: Stalingrad.
Die Katastrophe von Stalingrad, Ende Januar 1943, war der erste sichtbare Hinweis für das Unvermögen Deutschlands, den Krieg gegen die UdSSR siegreich zu beenden. Die amerikanischen Hilfslieferungen sowohl an Großbritannien als auch an die UdSSR wirkten sich bereits aus.
Vom Angreifer wurde Deutschland zusehends in die Rolle des Verteidigers gedrängt. Die Verbündeten Deutschlands - Italien, Ungarn, Rumänien - erwiesen sich als Belastung.
Von März 1943 bis Juni 1943 hielt sich Hitler auf Anraten seines Leibarztes, Dr. Morrell, auf dem Obersalzberg auf. Die Niederlage von Stalingrad und die sich abzeichnende Katastrophe in Nordafrika hatten den Diktator schwer gezeichnet.
Um den Krieg gegen die Sowjetunion siegreich beenden zu können - Stalin hatte im Frühjahr 1943 vorsichtig wegen einer eventuellen Friedensbereitschaft Deutschlands anfragen lassen - mußte Hitler einen entscheidenden Sieg auf dem östlichen Kriegsschauplatz erringen. Er plante eine großangelegte Zangen-

operation, die noch einmal die offensive Kraft der deutschen Wehrmacht unter Beweis stellen sollte. Der Einsatz neuester Panzer (Tiger I) und die Massierung der deutschen Panzer- und Luftwaffen-Elite im Raum Kursk führte zwar zur größten Panzerschlacht der Geschichte, mußte aber nach wenigen Tagen erfolglos abgebrochen werden.

Im Juli 1943 griffen die Amerikaner zum ersten Mal in die Kämpfe um Europa ein. Zusammen mit den Engländern landeten sie auf Sizilien und begannen von dort aus Italien zu erobern. Die deutsche Wehrmacht war an allen Fronten auf dem Rückzug. Trotzdem zeigte sich Hitler immer noch zuversichtlich: »Ich bin fest überzeugt, daß dieser Kampf um kein Haar anders ausgehen wird, als der Kampf, den ich einst im Innern ausfocht.«

Im Juni 1944 landeten alliierte Truppen in Frankreich. Die damit eröffnete »zweite Front« besiegelte endgültig das militärische und politische Schicksal des Deutschen Reiches.

Vom März bis 14. 7. 1944 befand sich Hitler wieder zu einem ausgedehnten Aufenthalt auf dem Obersalzberg. Die Besuche zahlreicher zweit- und drittrangiger Politiker aus den mit dem Deutschen Reich (noch) verbündeten Ländern (Ungarn, Bulgarien, Slowakei) konnten über die aussichtslose politische und militärische Lage des Dritten Reiches nicht hinwegtäuschen.

Die Westallierten hatten bereits im Jahre 1943 mit der Erringung der totalen Luftherrschaft über dem Reichsgebiet eine strategische Voraussetzung zur Niederringung Deutschlands erreicht. Nun, im Jahre 1944 eskalierte der Luftkrieg und die verheerenden Auswirkungen der strategischen Bombardements auf die Rüstungsindustrie signalisierten das nahe Ende.

Um ein Haar wäre der Obersalzberg noch einmal in den Brennpunkt der Geschichte gerückt:

Das beabsichtigte Attentat auf Hitler auf dem Obersalzberg scheiterte jedoch an der Abwesenheit Görings und Himmlers, die gemeinsam mit Hitler beseitigt werden sollten!

Der 20. Juli 1944 bewies die Unzulänglichkeit des Widerstandes. Die im Dezember 1944 gestartete letzte große Offensive im Westen, die Ardennen-Offensive, kam über Teilerfolge nicht hinaus. Der endgültige Untergang des Reiches war nur um einige Monate hinausgezögert. Am 20 April 1945, Hitlers 56. Geburtstag, wurde Nürnberg, die »Stadt der Reichsparteitage« von den Amerikanern erobert. Vier Tage später war die Reichshauptstadt von den Sowjets eingeschlossen.

Die letzte Bastion, die sogenannte Alpenfestung, existierte nicht einmal auf dem Papier. Die von Goebbels bewußt in Umlauf gesetzten Gerüchte über den letzten Widerstand im Alpenraum – mit Zentrale auf dem Obersalzberg – erwiesen sich als inhaltslos. Nach dem englischen Bombenangriff vom 25. 4. 1945 bot der Obersalzberg ein Abbild des geschundenen, ausgebluteten Deutschen Reiches.

Der Obersalzberg, wo Hitler 20 Jahre seine Pläne von der Neugestaltung Deutschlands und Europas geschmiedet hatte, war zur Mondlandschaft geworden.

△
Siegesparade in Warschau. Hitler nimmt den Vorbeimarsch der Soldaten der Wehrmacht ab.

Das Neujahrsfoto vom 1.1.1940. Hitler, Eva Braun, Frau Speer und ihre Kinder sowie die Kinder von Bormann. Sooft es ihm seine Zeit erlaubte, umgab sich Hitler mit Kindern. ▽

△
Der »Berghof« im Winter 1939/1940. Hier entstanden die Pläne für den Angriff auf die UdSSR.
Die Weisung Nr. 21 – Fall Barbarossa – war das Ergebnis langjähriger politischer und militärischer Überlegungen Hitlers.
Er hatte seit Beginn seiner politischen Agitation als erstes und unverrückbares Ziel die Beseitigung des Kommunismus (Bolschewismus) und des Judentums.
Alle Maßnahmen auf innen- wie außenpolitischem Gebiet waren diesem Ziel untergeordnet.

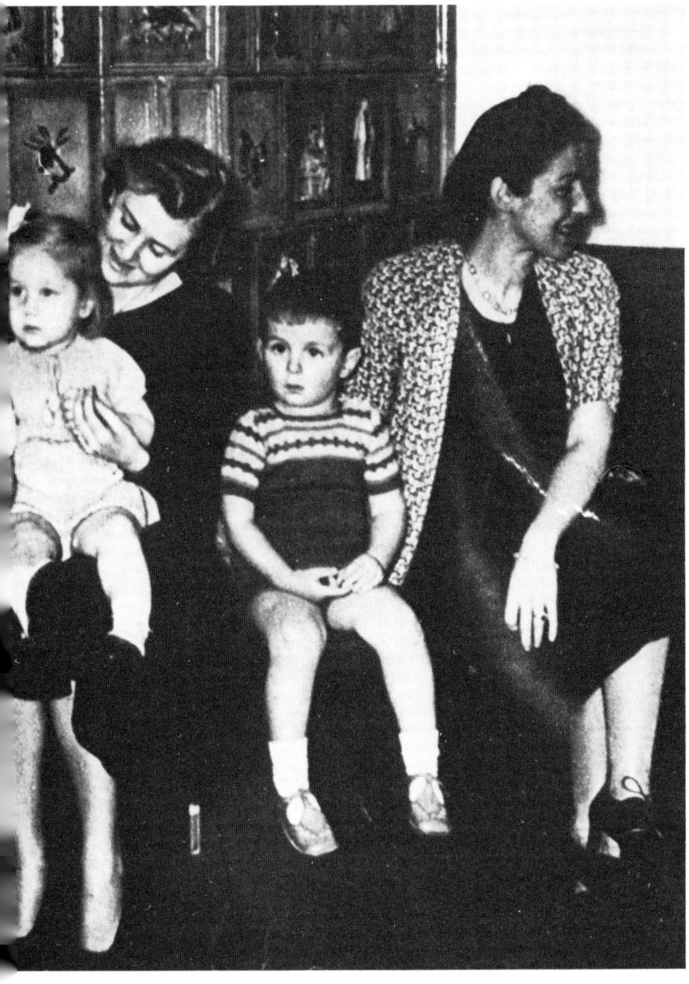

Hitler mit seinem Wehrmachtsadjutanten Engel auf der Terrasse des »Berghof«.
◁

Ein Geschenk Himmlers. Aus der Porzellanmanufaktur Allach, die einer der Wirtschaftsbetriebe der SS war, stammen die Soldatenfiguren, die der Reichsführer SS, Heinrich Himmler, dem Führer zum Geschenk macht. Die Porzellanmanufaktur Allach beschäftigte namhafte deutsche Künstler.
Zwischen Hitler und Himmler Adjutant Schaub. Neben Himmler SS-Brigadeführer Fegelein. Er befehligte eine SS-Kavallerieeinheit im Osten. Durch seine Heirat mit Gretl Braun, der Schwester von Eva Braun, wurde er quasi Schwager von Hitler. Dies hinderte Hitler jedoch keineswegs, Fegelein in den letzten Kriegstagen wegen seiner beabsichtigten Absetzung aus dem bereits eingeschlossenen Berlin standrechtlich erschießen zu lassen. ▽

△
Hitler verleiht General Dietl das Eichenlaub zum Ritterkreuz des Eisernen Kreuzes.
Dietl war der Befehlshaber der Kampfgruppe von Narvik. Seiner kühnen Führung war es zu verdanken, daß die arg angeschlagene Kampfgruppe aus Einheiten der Marine, Luftwaffe und Gebirgsjägern dem Ansturm der zahlenmäßig und materiell überlegenen britischen Streitkräfte standhielt.
Am 23.6.1944 verunglückte Dietl – nach einer Besprechung mit Hitler auf dem »Berghof« – tödlich.

▷
Nach dem Waffenstillstand besuchte Hitler am 28.6. 1940 die Hauptstadt des geschlagenen Frankreich.

◁ Das nächtliche London bei der Luftschlacht um England im Sommer/Herbst 1940. Wegen der hohen Verluste der deutschen Luftwaffe und der Vorbereitungen zum Krieg gegen die UdSSR mußte die Offensive erfolglos abgebrochen werden.

Abb. unten links:
Hitler nach der Verleihung des Eichenlaubes zum Ritterkreuz an Hauptmann Wick. Die Verleihung des Eichenlaubes hatte sich Hitler selbst vorbehalten und hielt daran bis zu seinem Ende fest.
Hauptmann Wick war ein erfolgreicher Jagdflieger bei der Luftschlacht um England. Kurz nach dieser Verleihung – am 12. 10. 1940 – fiel er in einem Luftkampf gegen britische Gegner.

Besuch des spanischen Außenministers Serrano Suñer (links) auf dem »Berghof«. Hitler drängte Suñer zur Teilnahme an der Auseinandersetzung mit Großbritannien, vor allem wollte Hitler die für die Achse bedrohliche Sperre der Meerenge von Gibraltar mit Hilfe Spaniens beseitigen. Aber sowohl Franco als auch Suñer erkannten die Schwäche Spaniens gegenüber Großbritannien und lehnten ab. ▽

Die Weisung Nr. 21 – Fall Barbarossa – Hitlers Namensgebung für diese entscheidende Operation war wenig glücklich. Kaiser Barbarossa war bei seinen Kreuzzugsunternehmen 1190 ertrunken – der Kreuzzug scheiterte. ▷

Der Führer und Oberste Befehlshaber F. H. Qu., den 18. 12. 40
der Wehrmacht

OKW/WFSt/Abt.L (I) Nr.33 408/40 g.K.Chefs.

**W e i s u n g Nr. 21**

**Fall Barbarossa.**

Die deutsche Wehrmacht muß darauf vorbereitet sein, auch vor Beendigung des Krieges gegen England, Sowjetrußland in einem schnellen Feldzug niederzuwerfen (Fall Barbarossa).

Die Vorbereitungen der Oberkommandos sind auf folgender Grundlage zu treffen:

I.) Allgemeine Absicht:

Die im westlichen Rußland stehende Masse des russischen Heeres soll in kühnen Operationen unter weitem Vortreiben von Panzerkeilen vernichtet, der Abzug kampfkräftiger Teile in die Weite des russischen Raumes verhindert werden.

In rascher Verfolgung ist dann eine Linie zu erreichen, aus der die russische Luftwaffe reichsdeutsches Gebiet nicht mehr angreifen kann. Das Endziel der Operation ist die Abschirmung gegen das asiatische Rußland aus der allgemeinen Linie Wolga – Archangelsk. So kann erforderlichenfalls das letzte Rußland verbleibende Industriegebiet am Ural durch die Luftwaffe ausgeschaltet werden.

Eine entscheidende Besprechung auf dem Obersalzberg. Am 31. 7. 1940 werden die Entschlüsse Hitlers betreffend Niederschlagung der UdSSR besprochen. Anhand der ausgebreiteten Karten studierten die engsten militärischen Mitarbeiter Hitlers die Möglichkeiten und Chancen militärischer Operationen. Von links nach rechts: Alfred Jodl, Chef des Wehrmachtsführungsstabes, Franz Halder, Chef des Generalstabes des Heeres, Hitler, Walter v. Brauchitsch, W. Keitel, Schmundt. ▽

Die Wagenkolonne wartet vor dem »Berghof«. △
Die Besprechungen mit Mussolini und seinem Gefolge fanden an verschiedenen Plätzen – z. B. im nahegelegenen Schloß Klessheim – statt.

Die deutsch-italienische Delegation auf dem Weg zum Teehaus auf dem Mooslanderkopf.
Die sichtlich zufriedenen Gesichter können über die Ergebnislosigkeit der Konsultationen nicht hinwegtäuschen. ▽

Hitler stellt dem Duce Feldmarschall Keitel vor. An diesem 19.1.1941 muß Hitler einsehen, daß die Italiener schwierige Bundesgenossen sind, die eine große Belastung für das Dritte Reich darstellen.
Seit 28.10.1940 marschieren und kämpfen italienische Truppen in Griechenland gegen griechische und britische Einheiten, bisher jedoch erfolglos. Der mutwillig angezettelte Krieg droht zu einer vernichtenden Niederlage für den Achsenpartner Italien zu werden.
Hitler muß sich wohl oder übel entschließen, deutsche Truppen nach Griechenland zu entsenden, um die Lage wieder zu stabilisieren.
◁

▷
Hitler und Mussolini beim Gang zum Teehaus auf dem winterlichen Obersalzberg.

◁ Wachposten oberhalb des »Berghof«.

Kritisch blicken Hitler und Freund Mussolini auf das Berchtesgadener Land.
Hier in der verschneiten Landschaft des Obersalzberges verspürte Hitler eine Abneigung gegen den Winter. Später, nach der Katastrophe des Winters 1941 sagte er zu seiner Begleitung: »Ich kann Schnee nicht mehr sehen«. ▽

Die Hakenkreuzflagge weht über der Akropolis. In einem kurzen, aber harten Feldzug besiegten die deutschen Truppen das griechische Heer und die britischen Einheiten in Griechenland und auf Kreta. Die verlustreichen Kämpfe verzögerten den geplanten Angriff auf die UdSSR und banden wertvolle militärische Einheiten in Griechenland. ▷

Hitler ernennt Erwin Rommel zum Generalfeldmarschall. Seit Februar 1941 standen deutsche Truppen im Kampf auf Nordafrikas Boden.
Auch dieses - unfreiwillige - Engagement hatte Hitler seinem Freund Mussolini zu verdanken. Italien, das Besitzungen in Nordafrika hatte, unternahm einen Vorstoß in Richtung Ägypten und vermochte kurzfristig, dank einer großen Überlegenheit, die britischen Kräfte zu schlagen. Der britische Gegenstoß trieb die Italiener in eine heillose Flucht.
Zur Wahrung des Ansehens seines »Partners« hatte sich Hitler zur Entsendung eines »Sperrverbandes« unter Generalmajor Erwin Rommel, seinem früheren Chef des Führerbegleitkommandos, entschlossen. ▽

R.A.F. ACE SCORES AGAIN—Page 2

*Nazi Leader Flies To Scotland*

Daily Record

# RUDOLF HESS IN GLASGOW -OFFICIAL

HERR HESS, HITLER'S RIGHT-HAND MAN, HAS RUN AWAY FROM GERMANY AND IS IN GLASGOW SUFFERING FROM A BROKEN ANKLE. HE BROUGHT PHOTOGRAPHS TO ESTABLISH HIS IDENTITY.

AN OFFICIAL STATEMENT ISSUED FROM 10 DOWNING STREET AT 11.20 LAST NIGHT SAID—

"Rudolf Hess, Deputy Fuhrer of Germany and Party Leader of the Nationalist Socialist Party, has landed in Scotland under the following circumstances:

"On the night of Saturday, the 10th, a Messerschmitt 110 was reported by our patrols to have crossed the coast of Scotland and be flying in the direction of Glasgow. Since a Messerschmitt 110 would not have the fuel to return to Germany this report was at first disbelieved.

"He was taken to a hospital in Glasgow, where he at first gave his name as Horn, but later on he declared he was Rudolph Hess.

"He brought with him various photographs of himself at different ages, apparently in order to establish his identity. These photographs were deemed to be photographs of Hess by several people who knew him personally.

## THIS WAS HIS 'PLANE

Two pictures of the wreckage of Hess's Messerschmidt 110.

## Benghazi Shelled

## "I Found German Lying In Field"

DAVID M'LEAN, A PLOUGHMAN, WAS THE MAN WHO FOUND RUDOLF HESS. HERE IS M'LEAN'S OWN STORY AS TOLD TO THE "DAILY RECORD," FIRST NEWSPAPER ON THE SCENE:—

"I was in the house and everyone else was in bed late at night when I heard the 'plane roaring overhead. As I ran out to the back of the farm, I heard a crash, and saw the 'plane burst into flames in a field about 200 yards away.

"I was amazed and a bit frightened when I saw a parachute dropping slowly earthwards through the gathering darkness. Peering upwards, I could see a man swinging from the harness.

Continued on Back Page, Col. 1.

HOW GERMANY BUILT UP THE HESS ALIBI. See Back Page.

Good Morning! Another Day Nearer Victory!

◁ Eine politische Sensation ersten Ranges. Rudolf Heß, einer der ältesten Kampfgefährten und Stellvertreter Hitlers, war am 10.5.1941 alleine mit einer Me 110 auf abenteuerlichen Wegen nach Schottland geflogen, um zu einem politischen Ausgleich mit der britischen Regierung zu kommen.
Heß hatte einen Brief an Hitler hinterlassen, in dem er ihm freistellte, ihn bei Scheitern seiner Mission für verrückt zu erklären. Diesen Brief überbrachte der Heß-Adjutant Pintsch Hitler auf dem »Berghof«.

Hitler empfängt am 6.6.1941 den kroatischen Staatschef Dr. Ante Pavelic.
Durch den siegreichen Balkanfeldzug wurde der junge Staat Jugoslawien in Serbien und Kroatien als selbständige Staaten geteilt. Restliche Gebiete wurden von Deutschland, Italien, Ungarn und Bulgarien annektiert. ▽

Ribbentrops Erklärung vor der ausländischen Presse am 22.6.1941. Der Krieg gegen die UdSSR war nun »amtlich«. ▽

Ein gern gesehener Gast auf dem Obersalzberg war der bulgarische König Boris III. Hitler bemühte sich schon vor dem Kriege, Boris für seine Pläne, besonders für den Feldzug gegen die UdSSR, zu gewinnen. Die traditionelle Freundschaft Bulgariens mit Rußland und die mangelnde Kriegsbereitschaft verhinderten diese Pläne.
An diesem Tag - dem 7.6.1941 - schilderte Hitler in bewegten Worten die Chancen und späteren Möglichkeiten, die sich Bulgarien bei einem mit Sicherheit zu erwartenden Sieg an der Seite Deutschlands erwerben würde. Boris III. blieb diesmal und auch in Zukunft ablehnend. ▽

Auf dem Weg nach Moskau. Nach militärischen Erfolgen im Stil des Blitzkrieges rollten die deutschen Divisionen immer tiefer nach Rußland hinein. Im grundlosen Schlamm läuft sich die deutsche Offensive – um entscheidende 3 Monate zu spät angesetzt – fest. Am 9. 11. 1941 verkündet Hitler in seiner Rede vor den »alten Kämpfern« im Bürgerbräukeller unter anderem: »... dieser Gegner wird sich nie wieder erheben«. Anfang November bricht der gefürchtete russische Winter über die erschöpften deutschen Soldaten herein.
◁

Kälte und Schnee, unzureichende Bekleidung und ein unbarmherziger Gegner verlangen von den deutschen Soldaten das Letzte.
Das Blitzkriegkonzept Hitlers hatte einen schnellen Sieg über die Rote Armee vorgesehen. Dementsprechend waren die Vorbereitungen gewesen. An Winterkleidung für die Truppe war nur wenig gedacht worden. ◁

Auf der Terrasse des »Berghof« genießen die Adjutanten die letzten Strahlen der herbstlichen Sonne.
Der »Berghof« spiegelte in den Herbsttagen das Bild einer friedlichen Idylle wider. Tatsächlich war hier nichts vom Krieg, seinen furchtbaren Auswirkungen auf die unmittelbar Betroffenen an der Front und in der Heimat zu spüren.
Die Mehrheit der Deutschen sah einem siegreichen Ende des Krieges gegen die UdSSR mit größter Zuversicht entgegen.
Selbst nach der Katastrophe von Moskau im Winter 1941 war die Mehrheit von einem erfolgreichen Ausgang der Auseinandersetzung überzeugt. ▷

In der Küche des »Berghof«. Für Hitler kochte eine Diätköchin. Sein Speiseplan war spartanisch.
Für die Gäste Hitlers sowie seine ständige Begleitung, die mit ihm speisten, wurde »gut bürgerlich«, wie sich A. Speer erinnert, gekocht. ▽

Besuch Mussolinis. Am 29./30.4.1942 stattet Freund Mussolini seinem deutschen Partner einen Besuch ab. Ciano, Mussolinis Schwiegersohn und Außenminister, ist in dieser Zeit schon sehr skeptisch gegenüber den Deutschen.
In seinem Tagebuch notiert er unter anderem: »... Hitler redet, redet, redet, Mussolini, der gewohnt ist, selbst zu sprechen, und hier fast immer schweigen muß, leidet ...«
Tatsächlich versuchte Hitler seinen Bündnispartner von der Unüberwindlichkeit der deutschen Kampfkraft, der Überwindung des russischen Winters durch seine (Hitlers) Willenskraft usw. zu überzeugen.

Die Truppen Italiens hatten sich auch auf dem russischen Kriegsschauplatz als unzureichend ausgerüstet und wenig kampfbereit erwiesen. Der russische Durchbruch im Dezember 1941 war für die italienische Armee zu einem Debakel geworden.

Mussolini, der bei der Besprechung am 30.4.1942 durch die weitschweifigen Ausführungen ziemlich niedergeschlagen war, mußte nun die militärischen Ausführungen Hitlers und seiner Berater (im Bild General Jodl, GFM Keitel und des für den Kriegsschauplatz Mittelmeer zuständigen GFM Kesselring) über sich ergehen lassen.
Mussolini verstand, nach eigenem Eingeständnis, nichts von militärischen Dingen. Er überließ diese seinem Generalstabschef.
Die deutsche Bevölkerung deutete – nach den geheimen Aufzeichnungen des Sicherheitsdienstes – die Besprechungen vom 29./30.4.1942 auf dem »Berghof« als »Befehlsausgabe an die Verbündeten« und traf damit ohne Zweifel den Nagel auf den Kopf. ▽

△
Ein Vorfrühlingstag auf dem Obersalzberg. Die Idylle läßt den Krieg, das unendliche Leiden und die zunehmenden alliierten Bombenangriffe auf deutsche Städte vergessen.
Die deutsche Luftwaffe flog Anfang 1942 mehrmals Angriffe gegen britische Städte, Häfen und Verkehrsanlagen, konnte aber keine entscheidende Wirkung erzielen.
Der Zweifrontenkrieg, den Hitler in seinem Buch »Mein Kampf« als größte politische Katastrophe des Kaiserreiches Deutschland bezeichnet hatte, drängte die Achsenmächte (Deutsches Reich – Italien – Japan) zunehmend in die Defensive.
Obwohl das strategische Ziel – Vernichtung der sowjetischen Streitkräfte in einem Blitzkrieg bzw. Ausschaltung Großbritanniens – nicht erreicht war und eine Realisierung immer unwahrscheinlicher wurde, führte Hitler den Krieg weiter.

Eine Aufnahme von großer Eindringlichkeit. Hitler und Mussolini während der Besprechungen vom 29./30. April 1942 auf dem »Berghof«. Ein selbstbewußter Hitler blickt auf den schweigenden Duce.
Acht Jahre vorher, bei seinem ersten Besuch in Italien, war Hitler wie ein kleiner Junge behandelt worden. ▷

Unberührt vom Krieg in Deutschland und Europa – der »Berghof«. ▷

◁ Eva Braun begrüßt Hitler. Im Hintergrund der allgegenwärtige Bormann. Eva Braun, völlig unpolitisch, an persönlicher Machtausübung desinteressiert, war die langjährige Freundin Hitlers. Für ihn, der sich keine Bindung leisten wollte, war sie die ideale Begleiterin. Wenn Hitler wegen seines militärischen Engagements für längere Zeit vom »Berghof« abwesend war, lud Eva Braun sehr oft ihre Schwester und Bekannte auf den »Berghof« ein.

Eva Braun und Hitler auf der Terrasse des »Berghof«.
Das »Tschapperl«, wie Hitler seine Lebensgefährtin manchmal im intimen Kreis nannte, hatte völlig gegensätzliche Interessen wie er.
Sie betrieb mehrere Sportarten, tanzte und beschäftigte sich überwiegend mit Modefragen, Filmen und Einkaufsfahrten nach München oder ausgedehnten Spaziergängen auf dem Obersalzberg.
Oft lud sie ihren kleinen Bekanntenkreis, zu dem auch bekannte Filmschauspieler gehörten, auf den Berghof oder das Kehlsteinhaus ein.
Sie führte das völlig isolierte Leben einer Geliebten und hatte keinerlei Ambitionen auf eine gesellschaftliche Position – die ihr Hitler auch nie versprochen oder eingeräumt hätte.
Vielleicht entsprach sie gerade dadurch Hitlers Bedürfnis nach Abwechslung und Zerstreuung von seinem umfangreichen Aufgaben und Neigungen.
Eva Braun war durch ihre Tätigkeit bei Heinrich Hoffmann zu einer begeisterten Fotoamateurin geworden.
Sooft sie konnte, fotografierte sie auf dem »Berghof« oder griff zur Filmkamera. So entstanden einige interessante Aufnahmen des »privaten« Hitler in ungezwungener Haltung. ▽

Eva Braun und Hitler mit ihren Hunden auf der Terrasse des »Berghof«. Die beiden Terrier waren Geschenke Hitlers an Eva Braun. Sie liebte die Tiere sehr. Hitler konnte die »Scheuerbürsten«, wie er sie nannte, nicht ausstehen.
Eva wiederum nannte den Lieblingshund Hitlers, »Blondi«, eine Kuh. So mußten sie bei ihrem Beisammensein immer Kompromisse schließen. Einmal durfte Eva ihre Hunde, den anderen Tag Hitler seine Blondi bei den abendlichen Kaminaufenthalten um sich haben. ▽

Eva Braun war sehr tierliebend. Hier posiert sie mit einem Kaninchen, dort mit einer der beiden »Scheuerbürsten«. ▷

Ein bekannter Unterhaltungskünstler der 40er bis 60er Jahre zu Besuch auf dem »Berghof«.
Auf Einladung Eva Brauns besuchte der Illusionist Kalanag den »Berghof«.
Hitler macht gute Miene, scheint sich aber zu distanzieren. ▷

◁ Ein Bild fürs Familienalbum. Eva und Gretl (links). Gretl Braun heiratete am 2.6.1944 den SS-Gruppenführer (General) Fegelein. Hitler ließ Fegelein wegen einer geplanten Flucht Ende April 1945 erschießen.

Abb. links unten:
Post für Eva. Für viele Monate waren Briefe und oft sehr langdauernde Telefongespräche der einzige Kontakt Hitlers mit Eva Braun.
Hitler, der eine Scheu vor dem Schreiben hatte, ließ seine privaten Briefe – auch an Eva – von seiner Sekretärin schreiben. Lediglich am Ende eines Briefes verfaßte er manchmal ein paar Zeilen in seiner – fast unleserlichen – Handschrift.

Eva Braun, wie sie Hitler bei Heinrich Hoffmann kennenlernte. Es war das Lieblingsbild Hitlers. ▷

Der Kavalier Hitler küßt seiner Gefährtin in vollendeter Manier die Hand. Hitler, der eine Affinität zu allem Bürgerlichen hatte, legte stets größten Wert auf vollendete Manieren. In seiner Umgebung duldete er keine »schlampigen« Verhältnisse. Bekannt ist seine rigorose Entscheidung im Falle Goebbels–Lida Baarova. ▽

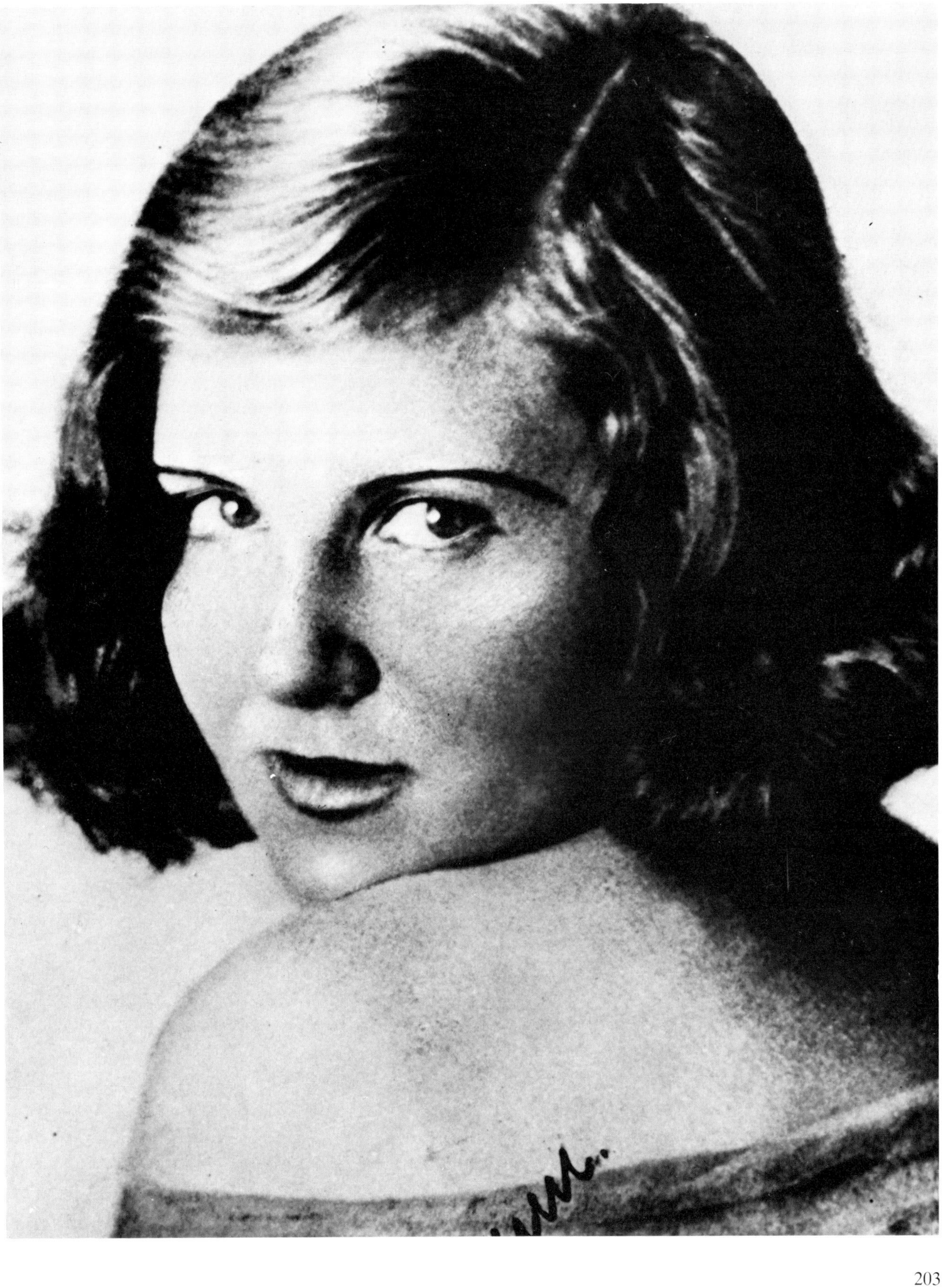

◁ Eva Braun mit dem Kind ihrer Freundin Schneider.
Eva hatte ein inniges Verhältnis zu Kindern. Gerne hätte sie auch Kinder gehabt, aber Hitler war der Meinung, daß er sich eine Ehe und Kinder nicht leisten könnte.

Eva Braun genießt eine Zigarette auf der Terrasse des »Berghof«. Hitler, der aus Überzeugung Vegetarier und Nichtraucher war, tolerierte die Schwächen seiner späteren Frau. ▽

Eva Braun beim Filmen auf der Terrasse des »Berghof«.
Einige der Filme Eva Brauns wurden nach dem Zusammenbruch 1945 gefunden und veröffentlicht.
Sie zeigten ausnahmslos eine heitere, gelassene Gesellschaft um Hitler.

Das Dirndlkleid, das Eva Braun trägt, war ihre Lieblingskleidung auf dem »Berghof«. Weil Hitler für Frauen mit gut entwickeltem Busen schwärmte, verfiel sie manchmal darauf, die Dirndlbluse auszustopfen.
Eva Braun hatte in puncto Kleidung einen sicheren Geschmack. Die Aufnahmen zeigen sie stets gut gekleidet.

Während in Europa der Krieg tobt, in den deutschen Städten unzählige Häuserruinen in den Himmel starren, wird auf dem Obersalzberg unbeirrt gebaut.
Hier ein Bild der Klaushöhe. Es war eine Mustersiedlung, in herrlicher Lage, östlich des Obersalzberges gelegen.
In den solide ausgeführten Häusern (mit Parkettböden, Marmortreppen, Zentralheizungen und großzügigen Grundrissen) wohnten Angestellte der Verwaltung Obersalzberg und der SS-Verwaltung.
Wertvollstes Material (Stahl in riesigen Mengen, Kupfer, Marmor, edelste Hölzer, modernste Installationen) wurden für die Bauvorhaben angefordert und dank dem Einfluß Bormanns von den zuständigen Stellen bewilligt und angeliefert. Auch während des Krieges waren auf dem Obersalzberg 4000 Arbeiter und Angestellte, ausgerüstet mit modernsten Maschinen und Arbeitsgeräten und bei bester Verpflegung sowie Freizeitbetreuung, tätig.
Speer, der zuständige Minister, versuchte vergebens, den ständigen Anforderungen Bormanns und seiner Dienststelle Einhalt zu gebieten.
Er scheiterte an der Zauberformel »Führerbauten«. Für diese mußte alles getan werden. ▽

Abb. Seite 207: ▷
Die nahegelegene Buchenhöhe wurde unter dem neuernannten Architekten für den Obersalzberg, Prof. Hermann Giesler, errichtet. Die Buchenhöhe war als Großsiedlung mit allen kommunalen Einrichtungen geplant und bis Kriegsende fast fertiggestellt.

NEUFFER
FENSTER

Auf Bormanns Betreiben mußte auch im Winter unter extremen Bedingungen gebaut werden. Die Mauern der aus Ziegeln errichteten Häuser waren bis 60 cm dick. Auch hier wurde nicht an Material gespart.
Die Finanzierung erfolgte durch die Adolf-Hitler-Spende der deutschen Industrie, eine Zwangsabgabe, die Bormann von der Industrie mehr oder weniger erpreßt hatte.
Die Siedlung war in ihrer Art einmalig, von der Lage (1000 m ü.M.), der Anordnung und dem Umfang. Es wurde eine Schule, ein Kaufhaus, Gaststätten, eine Großwäscherei und ein Fernheizwerk, das für alle Bauwerke des Obersalzberges ausreichen sollte, geplant bzw. fertiggestellt.
Der größte Teil der fertiggestellten Mustersiedlung wurde bei dem Angriff vom 25.4.1945 zerstört.

Eine Häuserzeile auf der Buchenhöhe kurz vor der Fertigstellung. ▽

Die Siedlung Buchenhöhe im Bau. Bormann überzeugte sich bei seiner Anwesenheit auf dem Obersalzberg täglich oft mehrmals von den Fortschritten. Immer hatte er etwas auszusetzen.
Wegen der überaus schwierigen Bodenverhältnisse gestalteten sich vor allem die Baumaßnahmen für die Keller ungemein schwierig.
So mußten metertiefe Fundamente gesprengt und teilweise mit Marmor ausgefüllt werden. ▷

Die Fundamente des Fernheizwerkes auf der Buchenhöhe. Sie bestanden ausschließlich aus Stahlbeton und verschlangen enorme Mengen an Stahl - der für die Rüstung so dringend benötigt wurde. Im Monat wurden bis zu 6000 t verarbeitet. ▷

◁ Hitler besucht in Begleitung seines militärischen Stabes das Haus Bechstein. Es ist eine der ganz seltenen Aufnahmen vom Gästehaus Hitlers.

Im Bechsteinhaus wohnten prominente Gäste Hitlers (Zar Boris III. von Bulgarien, Mussolini). Im Oktober 1938 diente es als Zwangsaufenthalt für Dr. J. Goebbels. Wegen seiner leidenschaftlichen Affäre mit der Filmschauspielerin Lida Baarova mußte sich Goebbels auf den Berghof begeben, hatte eine mehrstündige Aussprache mit Hitler und bot seinen Rücktritt an.
Hitler verweigerte ihm sowohl die Scheidung von Magda, als auch den Rücktritt als Minister. Außerdem verordnete er dem liebeskranken »Promi« einen mehrtägigen Zwangsaufenthalt im Bechsteinhaus. Dr. Goebbels ließ sich umstimmen und blieb bis zu seinem Tode ein treuer Paladin Hitlers.

Morgenausgabe
10 Pf., auswärts 15 Pf.

Berliner
# Lokal-Anzeiger

Freitag, 5. Februar 1943
M

Nummer 31 — Organ für die Reichshauptstadt — 61. Jahrgang

Wöchentlich zwölfmal, morgens und abends. Bezugspreis 75 Pfennig wöchentlich oder 3,25 Mark monatlich. Bei Bezug durch die Post 3,25 Mark monatlich einschließlich 36 Pfennig Postgebühren, hierzu 72 Pfennig Bestellgeld. Bestellungen in allen Scherlfilialen, bei den Postanstalten und beim Verlag. Bei Ausfall wegen höherer Gewalt oder Betriebsstörung kein Anspruch auf Ersatz. Schriftleitung und Verlag Berlin SW 68, Scherlhaus. Fernsprecher Sammel-Nr. 17 45 71, Ferndienst 17 57 61. Drahtanschrift Scherlverlag Berlin. Postscheckkonto 3111 für Anzeigen, 36 640 für Bezugsgebühren. Anzeigen-Annahme im Scherlhaus, Zimmerstraße 35, und in allen Scherlfilialen. Keine Gewähr für Aufnahme in bestimmte Ausgaben

## Der letzte Funkspruch aus Stalingrad

„Im schwersten Kampf haben wir bis zum letzten Mann unsere Pflicht getan"

△
Nach der Katastrophe. Der Verlust einer Armee von fast 250000 Mann lastete schwer auf der deutschen Bevölkerung. In den geheimen Nachrichten des SD wurde die Stimmung des deutschen Volkes als sehr enttäuscht bis verzweifelt wiedergegeben.

Nach der Kapitulation der letzten deutschen Truppen. Ein sowjetischer Soldat hißt das Banner der siegreichen Truppen. ▷

◁ Die Kraftwagen der Fahrerkolonne auf dem Obersalzberg in Erwartung des Besuches.
Seit 22.3.1943 war Hitler mit seiner militärischen Begleitung wieder auf dem »Berghof«.

Hitler verleiht dem Oberbefehlshaber der italienischen 8. Armee in Rußland, General Gariboldi, das Ritterkreuz des Eisernen Kreuzes.
Obwohl sich die italienischen Streitkräfte bei den Winterkämpfen 1942/43 nicht gerade ausgezeichnet hatten, konnte Hitler auf ihre weitere Präsenz nicht verzichten.
Zum Zeitpunkt dieser Aufnahme schien die Front im Osten stabilisiert, eine neue, entscheidende Offensive, geplant und inspiriert von Hitler (Unternehmen Zitadelle) stand bevor und sollte die Wende bringen. ▽

◁ Immer wieder lud Hitler den bulgarischen König Boris zu sich auf den »Berghof«. Am 3.4.1943 besucht Boris in Anwesenheit des Reichsaußenminister v. Ribbentrop Hitler. Mit der Gewinnung Bulgariens hoffte Hitler (nach Rumänien) einen weiteren Balkanstaat für den Kampf gegen die UdSSR zu erhalten. Aber Boris, obwohl betont deutschfreundlich und ein Verehrer Hitlers und des Dritten Reiches, lehnte die Werbung ab. Hitler war zwar enttäuscht, ließ aber seinen Gast nichts anmerken und bewirtete ihn besonders zuvorkommend.

König Boris, Hitler und Reichsaußenminister v. Ribbentrop schreiten die Front der Ehrenwache ab. ▽

Seinen 54. Geburtstag verbrachte Hitler »ohne Feierlichkeiten«, wie es hieß, auf dem »Berghof«.
◁

20. April 1943.
Hitler und der Großadmiral der deutschen Kriegsmarine, Dönitz. Hitler hielt sich – im Gegensatz zu seinem Engagement bei der Gesamtkriegführung und besonders der Führung des Heeres – bei Marinefragen stets an die Ratschläge der Marineexperten. Für Dönitz hegte er große Sympathie. Dieser hatte mit der Schaffung der U-Boot-Waffe beträchtliche Erfolge im Kampf gegen die alliierten Geleitzüge zu verzeichnen. Im Gegensatz zu Raeder, Oberbefehlshaber bis 30.1.1943, setzte Dönitz schon vor Beginn des 2. Weltkrieges auf die U-Boot-Waffe. ▽

Hermann Göring gratuliert Hitler zum Geburtstag. Trotz der offenkundigen Schwäche bei der Führung der Luftwaffe wurde er von Hitler bis wenige Tage vor Kriegsende gehalten. ▷

Gespräch am Rande der Gratulationscour. Göring war nominell Speers Vorgesetzter (als Vorsitzender des Vierjahresplanes), kümmerte sich aber überhaupt nicht um seine Aufgabengebiete. ▽

◁ Hitler erhält von Heinrich Hoffmann, seinem Leibfotografen, ein Geschenk überreicht. Zwischen beiden Frentz (Kameramann), Bormann; hinter Hitler halb verdeckt Adjutant Schaub, daneben Baldur v. Schirach.

Geburtstag 1943.
Ein nachdenklicher Hitler im Kreise der Bormann- und Speer-Kinder. ▽

Geburtstagscercle im privaten Kreis. Hitlers ehemaliger Adjutant Brückner gratuliert. Im Hintergrund Frau Morell und (mit dem Rücken zur Kamera) Eva Braun, Gauleiter Wagner. ▷

Die Nachbarn auf dem Obersalzberg gratulieren Hitler zum Geburtstag. Frau Emmy Göring mit Tochter Edda auf dem »Berghof«.

Ein Geburtstagsbild, das nicht veröffentlicht werden durfte: Hitler Arm in Arm mit Eva Braun.
Während diese Aufnahme entstand, kämpfte das Heer im Osten einen erbitterten Abwehrkampf gegen den immer mächtiger werdenden russischen Gegner, führten britische und amerikanische Bomber verheerende Angriffe gegen die deutsche Rüstungsindustrie, vor allem aber gegen die Zivilbevölkerung (im Ruhrgebiet) durch. ▷

Hitler empfängt den französischen Ministerpräsidenten Pierre Laval zu einer Besprechung auf dem »Berghof«.
▽

Laval war im April 1942 auf Betreiben der deutschen Vertretung in Vichy – dem damals unbesetzten Teil Frankreichs – zum Ministerpräsidenten ernannt worden. Seine Bemühungen, das Los Frankreichs zu erleichtern, schlugen an der harten und unnachgiebigen Haltung Hitlers fehl. So war auch diese Besprechung am 29. 4. 1943 eher eine Befehlsausgabe als eine Besprechung.

Eine willkommene Pause für die militärische Begleitung Hitlers auf der Terrasse des »Berghof«. ▽

7. Juni 1943

============

Orangensaft
mit Leinsamenschleim

--

Reispudding
mit Kräutertunke

--

Knäckebrot D mit Butter
Nuxo - Paste

Der wenig ansprechende Küchenzettel für das Menü Hitlers.
Während er sich zur Erholung auf den »Berg« zurückzog, hatte Prof. Morell, Hitlers Leibarzt, eine streng vegetarische Diät für seinen Patienten angeordnet.
◁

Hitler mit Prof. Thorak und Goebbels auf der Terrasse des Teehauses.
Hitlers Ambitionen für Architektur und Stadtplanung waren auch während der Krisen ungebrochen. ▽

Hitler begrüßt ein Kind bei seinem täglichen Spaziergang. Eva Braun hält die Szene in einem Schnappschuß fest. ▷

Hitler auf der Terrasse des Teehauses auf dem Mooslanderkopf. Er streichelt die Tochter von Eva Brauns Freundin. V.l.n.r.: Adjutant Günsche, neben Hitler General Jodl, sitzend Heinrich Hoffmann. ▽

◁ Hitler mit Schäferhund Blondi beim Spaziergang auf dem Obersalzberg. Die Zuneigung Hitlers zu seinen Hunden war schon früher sehr ausgeprägt. Wie alle Mißtrauischen sah er in seinen Lieblingstieren bessere Freunde als in den Menschen.

»Onkel Adolf« war bei ▷ Kindern sehr beliebt. Der Mann, der keine Bedenken hatte, Millionen in den Tod zu schicken, war ein fürsorglicher »Onkel«.

Das persönliche Schutzkommando Hitlers. In der Mitte Brigadeführer (Generalmajor) Rattenhuber. Er kam von der Landespolizei und war seit 1934 persönlicher Bewacher Hitlers und für dessen Sicherheit allein verantwortlich. Er gehörte dem RSD (Reichssicherheitsdienst) an und war Hitler unmittelbar unterstellt. Wenn das Hauptquartier bzw. Hitler auf dem Obersalzberg war, hatte Rattenhuber seine Dienststelle im früheren Hotel »Türken« oberhalb des »Berghof«. ▽

Plastik über dem Kaserneneingang auf dem Obersalzberg. Zur Bewachung des Geländes auf dem Obersalzberg sowie für die Stellung von Ehrenwachen usw. waren zeitweise bis 350 Mann eingesetzt. Sie rekrutierten sich hauptsächlich aus bedingt fronttauglichen (genesenden) Soldaten der SS. ▷

Die Ausbildung in der modernst eingerichteten SS-Kaserne (hier: unterirdische Schießanlagen) verlief frontnah. ▽

1
2
3
4
5
6
10

◁ Flaggenparade in der SS-Kaserne auf dem Obersalzberg. Neben den eigentlichen Wacheinheiten gab es eine umfangreiche Fahrbereitschaft mit einem ansehnlichen Kfz-Park, eine Nebelabteilung, die bei Luftgefahr künstlichen Nebel aufsteigen ließ (im Gebiet zwischen Königsee und Salzburg), eine massive Fla-Abwehr mit 18 Batterien 8,8-cm-Geschützen sowie einer Anzahl kleinerer Kaliber. Eine SS-Stollenbaukompanie befand sich ebenfalls auf dem Obersalzberg. Die gesamte Mannschaftsstärke betrug 1944 ca. 4500 Mann. Die Stationierung erfolgte teilweise in der SS-Kaserne, zum größten Teil in unmittelbarer Nähe der einzelnen Dienststellen.

Panorama des Obersalzberg-Gebietes 1943. 1) Postamt, 2) Gewächshaus. Hier wurden Blumen und Gemüse für den »Berghof« gezogen. Das Gemüse wurde auch für die Verpflegung der Wachmannschaften angebaut. 3) Fahrerwohnhaus, 4) Fahrerhaus mit Garagen, Werkstätten etc. 5) Postenhaus für den Sperrkreis II, 6) SS-Verwaltung (zuständig für Kaserne etc.), 7) Exerzierhalle (auch Sporthalle), 8) Rasen und Kasernenhof, darunter die Schießanlagen, 9) SS-Kasernengebäude, 10) Hotel Platterhof« (außerhalb des Sperrkreises gelegen und 1943 zum Teil als Genesungsheim genutzt, 11) Dienstwagenhalle und Wohnhaus für Hotelangestellte des »Platterhof«, 12) Verwaltungsgebäude Verwaltung Obersalzberg (Zivilbauten des Obersalzberges – unterstand Bormann), 13) Modellhaus für Architekturmodelle, 14) Kindergartenhaus, 15) »Berghof«, 16) Hotel »Türken«, Sitz des RSD. ▽

Zu diesem Zeitpunkt begannen die Arbeiten für das Stollensystem (Bunkeranlagen). Aus der ursprünglich für Hitler und seine engste Umgebung geplanten Anlage wurde bis Mai 1945 ein System von 4500 m Länge.
Zum Schutz gegen Luftangriffe wurde von der Nebelabteilung eine künstliche Nebelwolke (von Berchtesgaden aus) gebildet.

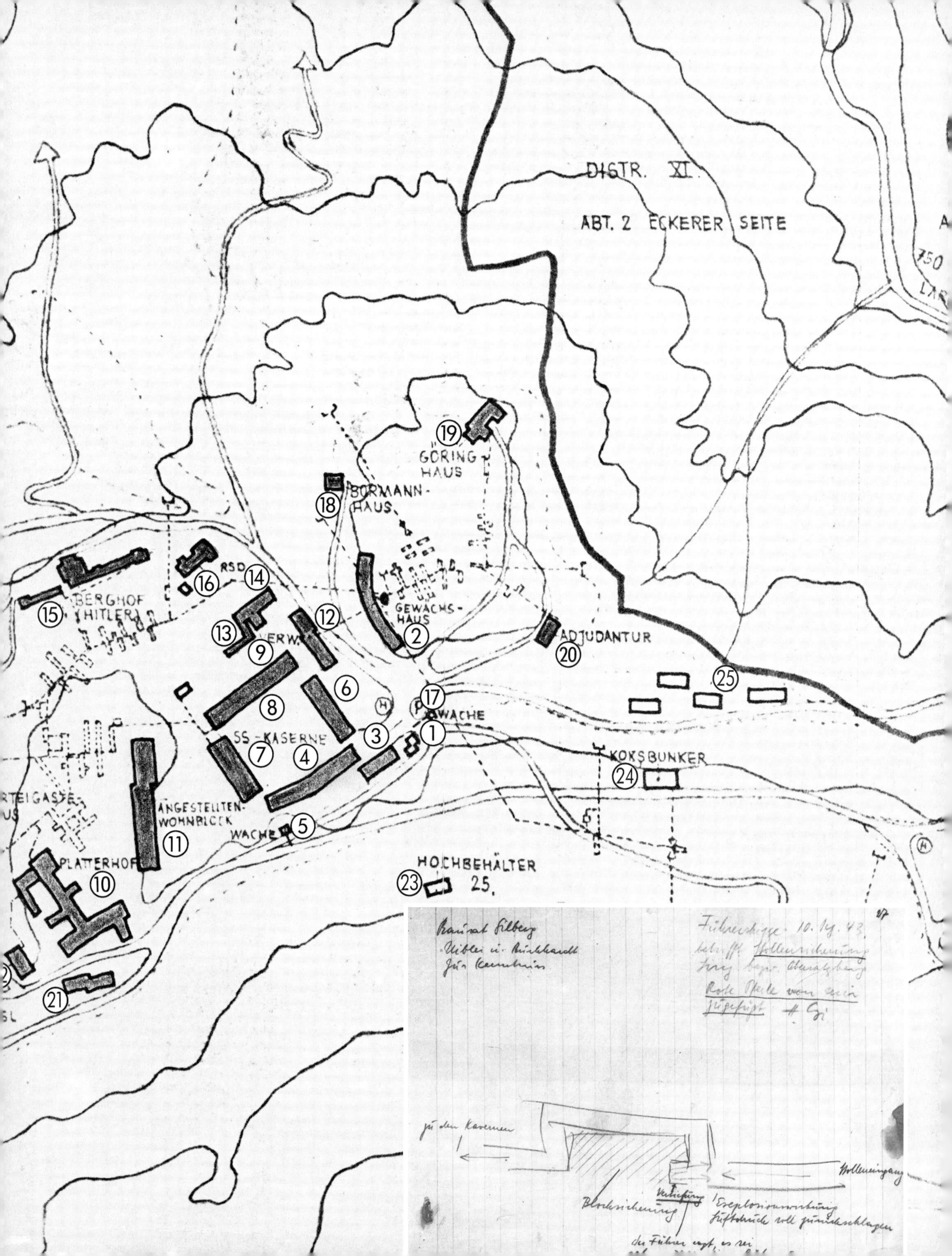

DISTR. XI
ABT. 2 ECKERER SEITE
750
19
GÖRING HAUS
18
BORMANN-HAUS
RSD
16
14
15
BERGHOF (HITLER)
13
VERW.
9
12
GEWACHS-HAUS
2
ADJUDANTUR
20
25
6
8
17
WACHE
1
3
SS-KASERNE
7
4
KOKSBUNKER
24
ANGESTELLTEN-WOHNBLOCK
11
WACHE
5
PLATTERHOF
10
HOCHBEHÄLTER
23
25.
21
Führerskizze 10. 4. 43
betrifft Stollensicherung
zu den Kavernen
Stolleneingang
Vertiefung
Blocksicherung
Explosionswirkung
Luftdruck soll zurückschlagen
der Führer sagt, es sei

Das Stollensystem wurde auf Befehl Bormanns im August 1943 begonnen. Ursprünglich sollte lediglich ein Stollen für Hitler und Eva Braun sowie die engste Begleitung – mit Hund Blondi – errichtet werden. Der Stolleneingang lag direkt hinter der Halle des »Berghof« – mit einer schrägen Rampe als Eingang, weil Hitler damals große Mühe hatte, Treppen zu steigen.
Es entstanden bis Ende des Krieges Stollen und Kavernen zur Aufnahme von Personen, Maschinen, Archiven und Versorgungsanlagen mit einer Länge von ca. 4500 m.

So sahen die Stollen in der ersten Phase der Bauarbeiten aus. Nach dem Aushub begannen die Isolierungsarbeiten. ▷

Ein Raum des Stollensystems. Deutlich ist die Öffnung für die Heißluftheizung (re.) zu erkennen. ▷

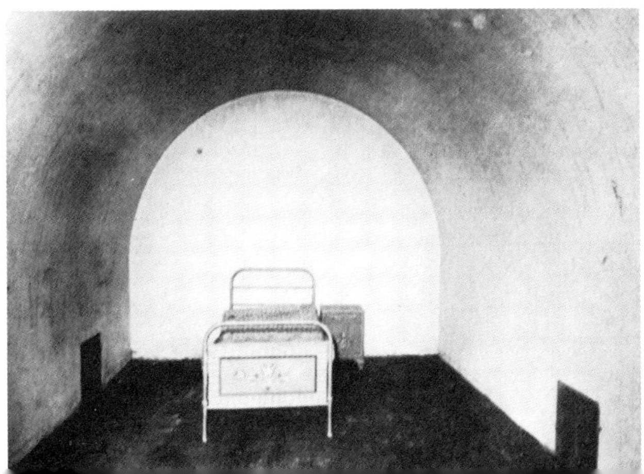

Zwei weitere Räume des Stollensystems. die Aufnahmen vermitteln einen Eindruck von der Größe. Die Möbel wurden für die Aufnahme, die Anfang der 60er Jahre entstand, bereitgestellt. Die Originaleinrichtung wurde 1945 geplündert. ▷

◁ Lageplan der Bauten auf dem Obersalzberg.
(Gebäude 1)–16) siehe Bild 228/229).
17) Postenhaus am Beginn der Kehlsteinstraße, 18) Bormannhaus, 19) Landhaus Göring, 20) Adjutantur Göring, 21) Poststelle und Kiosk beim »Platterhof«, 22) Terrassenhalle »Platterhof«, 23) Hochbehälter Wasserversorgung), 24) Koksbunker, 25) Siedlung Hintereck (für Angestellte auf Obersalzberg).
Die gestrichelten Linien kennzeichnen den Verlauf der unterirdischen Stollenbauten (Bunkeranlagen) – Stand Ende 1944.

◁ Eine Skizze von Hitler. Sie hält eine interessante technische Überlegung fest. Anläßlich des Beginnes der Stollenbauten auf dem Obersalzberg befaßte sich Hitler mit der Möglichkeit einer Bombenexplosion unmittelbar vor einem Stolleneingang. Er erkannte richtig, daß ein gerader Stollengang die mögliche Druckwelle komprimiert an die Kavernen abgeben würde. Daher regte er an, den Stolleneingang nach einer Länge von etwa 50–80 m rechtwinkelig weiterlaufen zu lassen.
Die Anregung wurde von Prof. Giesler, der zu diesem Zeitpunkt Bauleiter auf dem Obersalzberg war, aufgenommen und von den Ingenieuren realisiert.
Das Stollensystem hielt dem Angriff vom 25.4.1945 ohne Beschädigungen stand.

Originalzeichnungen der Möbel für die Einrichtung der Stollenbauten, wahrscheinlich für Eva Brauns Räume. Die Ausstattung der Stollen sollte für einen längeren Aufenthalt in den Wohn- und Schlafräumen ausreichen. ▷
Die Stollenräume waren mit Zentralheizung, Wasser, Strom, Telefon, WC/Dusche oder Baderaum, Garderobe (für Hitler und Eva Braun auch Schlaf- und Wohnraum), ausgestattet. Hitlers und Eva Brauns Aufenthaltsräume waren mit Parkettböden, Türrahmen aus Kiefernholz und gekachelten Bädern gebaut.

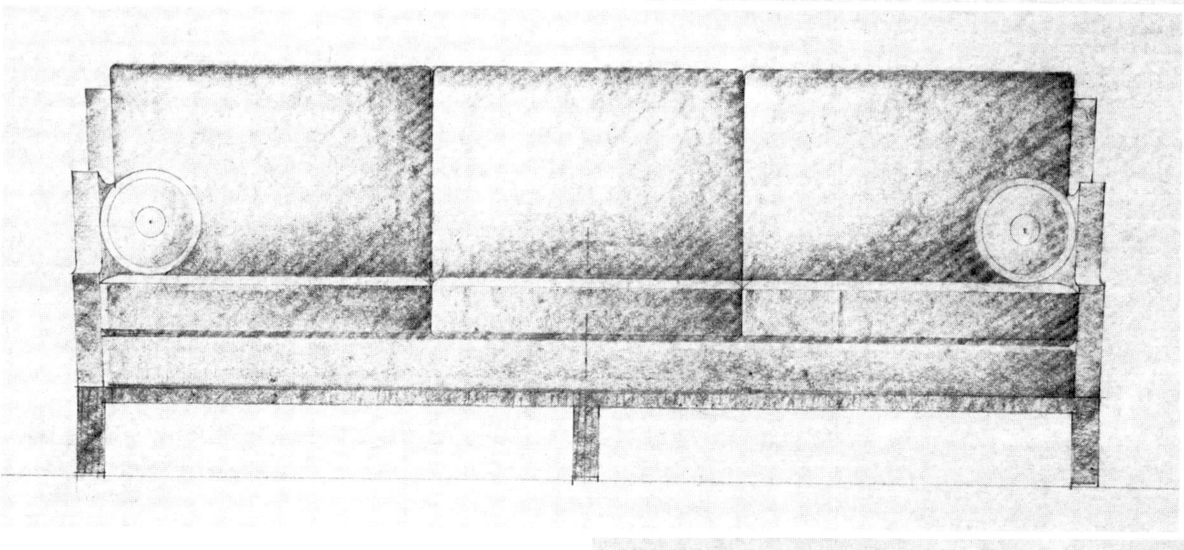

◁ Das Begleitpersonal und die Wachmannschaften hatten einfacher ausgestattete Räume zugewiesen erhalten.
Gasschleusen sollten Schutz vor einem Gasangriff gewähren.
Hitler weigerte sich nach der Fertigstellung der Stollenbauten kategorisch, diese zu betreten. Bei Luftalarm blieb er in seinem Arbeitszimmer im »Berghof«.

Ein 3,7-cm-Fla-Geschütz. Zur Sicherung des Obersalzberg-Gebietes waren umfangreiche Maßnahmen, von einer Nebelabteilung bis zu schweren Fla-Batterien, verteilt auf das Gebiet des Berchtesgadener Landes, getroffen worden.
Auf den umliegenden Bergen (Kehlstein, Roßfeld, Grünstein) standen Fla-Geschütze, Luftbeobachter, Wetterstationen.
◁

△
Die Bedienungsmannschaft eines 8,8-cm-Fla-Geschützes. Die Soldaten waren in höchster Alarmbereitschaft und verrichteten ihren harten Dienst oft unter extremen Bedingungen.
Die letzten 6 Monate vor Kriegsende übernahmen Angehörige des RAD (Reichsarbeitsdienst) die Fla-Stellungen. Die Nebelabteilung wurde von SS-Maiden (weibliches Hilfspersonal der SS) übernommen.

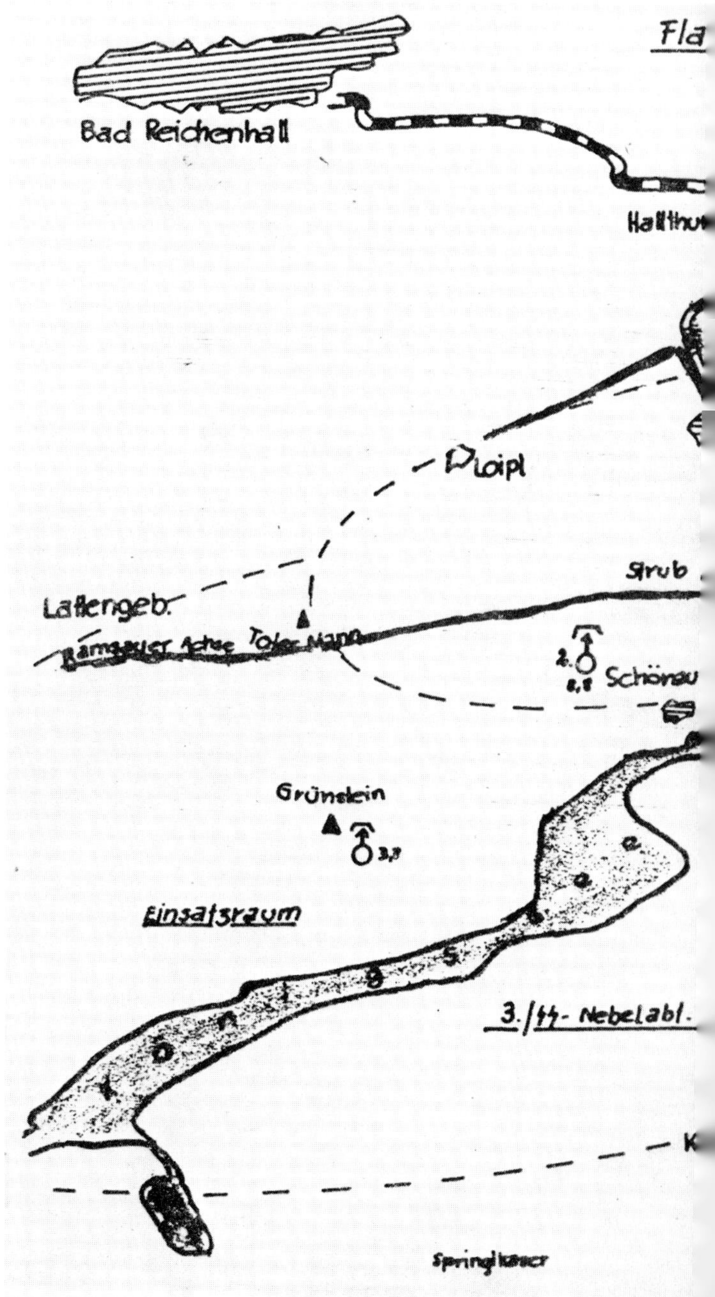

Lageplan der Nebelabteilung und der Fla-Stellungen 1943. Die zentrale Befehlsstelle befand sich in einem Stollenbau unterhalb des Bormannhauses. In einem Raum war eine Glasscheibe, auf der die Fern-, Mittel- und Nahlage dargestellt war. Diese sogenannte »Führer-Flugmeldezentrale« informierte jeden Augenblick über die genaue Luftlage um den Obersalzberg.
Die Steuerung der einzelnen Geschütze erfolgte elektrisch von der FFMZ aus und durch telefonische Übermittlung an die Geschützbedienungen.
Die gesamte Flugabwehr, Nebelabteilung und Wachmannschaften unterstanden ab Oktober 1943 dem Kommandeur des Obersalzberges.
Wegen Ausbleibens der Luftlagemeldung konnten die angreifenden Bomber am 25.4.1945 nicht rechtzeitig gemeldet werden. Der gesamte Abwehrapparat wurde von dem Angriff überrascht, der Obersalzberg von 1800 t Bomben umgepflügt. Der Fla gelangen 6 Abschüsse. ▽

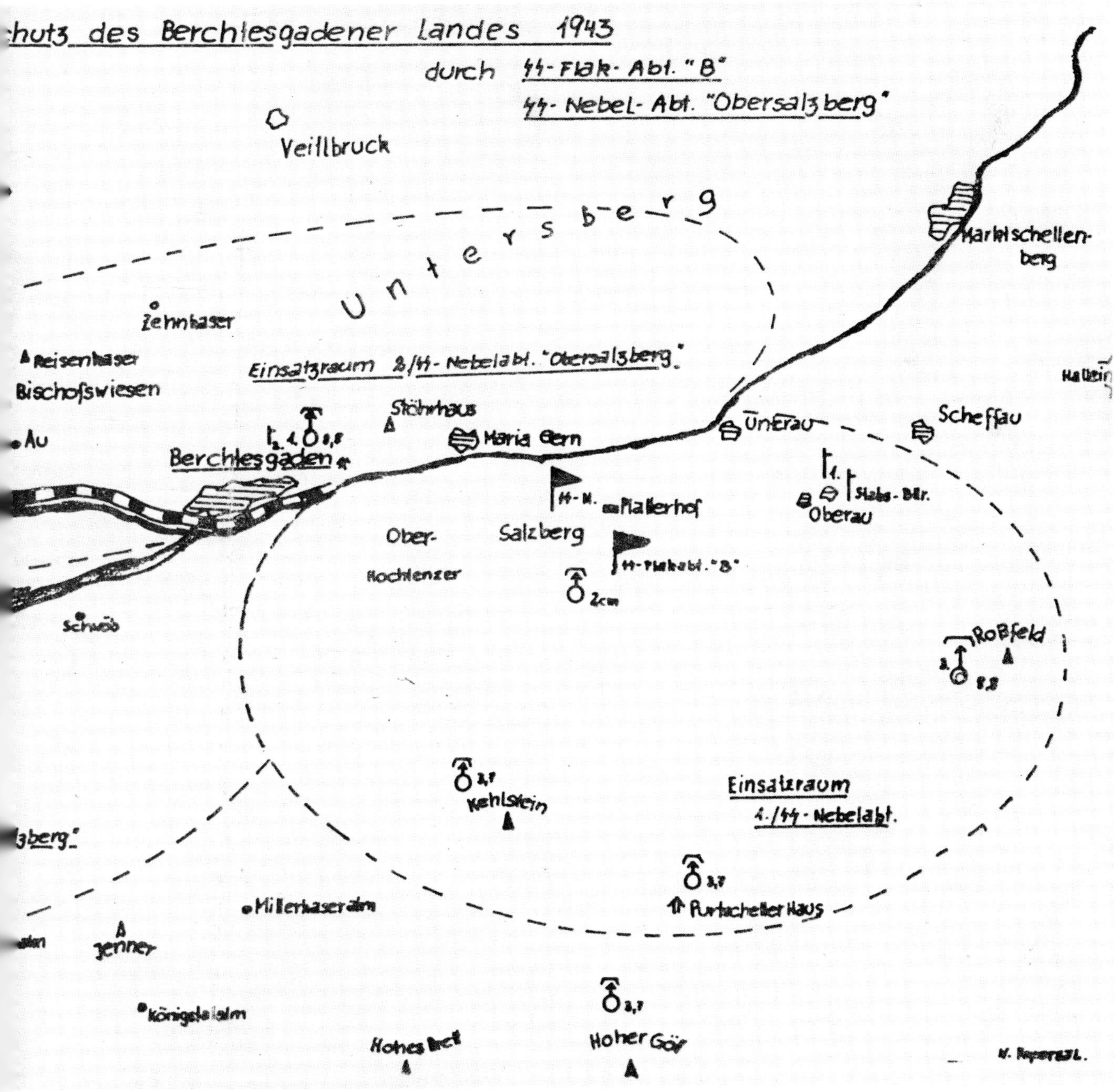

Hitler und Speer auf dem Weg zum Teehaus auf dem ▷ Mooslanderkopf.
Bei diesen Spaziergängen erörterte Hitler sehr oft seine Zukunftspläne – besonders auf architektonischem Gebiet.
Noch 1943 beschäftigte er sich mit der Besiedlung des Ostraumes.

△
In den Ateliers von Speer entstanden Pläne von Musterhöfen für den besetzten Ostraum.
Nach Hitlers und Himmlers Vorstellungen sollte der Osten (Polen, Rußland) mit deutschen Bauern besiedelt werden. Ähnlich wie im Mittelalter die Ritter des Deutschen Ordens sollten diese Kolonisten den gewonnenen Ostraum kultivieren.
Dazwischen sollten Stützpunkte für eine Ordnungsstreitmacht gebaut werden. Diese Stützpunkte – mit Landeplätzen für Hubschrauber, Kasernenanlagen für ein ganzes Regiment, – wären über das ganze Land verteilt worden.
In der Wewelsburg – der Ordensburg Himmlers für die Obergruppenführer der SS – standen derartige Modelle.

Speers Zeichnung für einen Musterhof zur Besiedlung des Ostraumes. ▷

Himmler und sein Stab begutachten einen russischen Jungen.
Von allen NS-Führern war Himmler der größte Rassenfanatiker. Der ehemalige Geflügelzüchter war von der Realität einer Rassenzüchtung im humanen Bereich zutiefst überzeugt.
Seine diesbezüglichen Ambitionen und enormen Anstrengungen wurden selbst innerhalb »seines« Ordens, der SS, überwiegend abgelehnt und oftmals bespöttelt.
Seine Vorstellungen von der Schaffung einer »rein« germanischen Rasse gingen während des Krieges so weit, daß er regelrechte Raubzüge innerhalb der jugendlichen Bevölkerung besetzter Gebiete unternahm. Die »rassisch einwandfrei« befundenen Kinder und Jugendlichen wurden dann zu Pateneltern nach Deutschland verschleppt. ▽

◁ Hitler begrüßt Sepp Dietrich, Kommandeur des I. SS-Panzerkorps am 20.4.1944 auf dem »Berghof«. Er gratuliert Hitler zu dessen 55. Geburtstag. Neben Hitler Adjutant Günsche.

Günsche, Hitler, Dietrich und Albert Bormann auf der großen Treppe des »Berghof«. Hitler schätzte Dietrich sehr. Er ernannte ihn am 6.8.1944 zum Oberstgruppenführer (Generaloberst) und verlieh ihm das Eichenlaub zum Ritterkreuz mit Schwertern und Brillanten. ▽

Offiziere der Division »Leibstandarte SS Adolf Hitler« überreichen Hitler eine Spende für das Winterhilfswerk und zeigen ihm Aufnahmen eines Versuchsfahrzeuges zur Fliegerabwehr. Aus diesem Prototyp ging später ein Fla-Panzer hervor. Im Vordergrund Hitlers ehemaliger Adjutant Wünsche. ▷

Hitler und Dietrich im Gespräch. Deutlich ist die Pistole, die Dietrich trägt, zu erkennen.
Bis zum 20.7.1944 hatte jeder Besucher Hitlers »umgeschnallt«. Für entschlossene Attentäter wäre es ein leichtes gewesen, Hitler zu beseitigen. ▽

Glanzvolle Hochzeit von Gruppenführer Fegelein und Gretl Braun auf dem Kehlsteinhaus.
Nach der Trauung in Salzburg, bei der Bormann und Himmler Trauzeuge gewesen waren, feierte der »Hofstaat« auf dem Kehlsteinhaus. Neben Angehörigen der Familien Fegelein und Braun waren auch Künstler, die von Gretl und Eva Braun geschätzt wurden, zu Gast.

Während Deutschlands Städte in Schutt und Asche sanken, Soldaten an allen Fronten verbluteten und die Mehrheit der Bevölkerung den Gürtel immer enger schnallen mußte, wurde bei den Hochzeitsfeierlichkeiten für Fegelein an nichts gespart. Das Beste war gerade gut genug.
Hitler hielt sich von diesen Feierlichkeiten fern. ▽

Das Brautpaar Fegelein mit Eva Braun und befreundeten Künstlern bei der Tafel. ▷

Die Hochzeit ihrer Schwester bot Eva Braun eine willkommene Gelegenheit, ihrem Temperament freien Lauf zu lassen. Für sie war es eine Abwechslung in dem eher monotonen Dasein auf dem »Berghof«. ▽

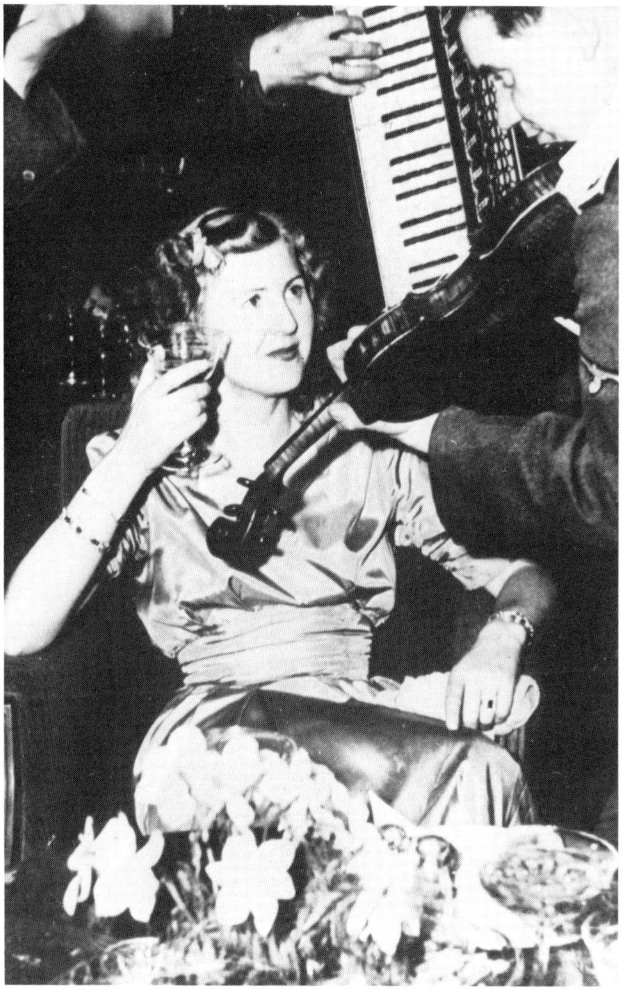

△
Es ist soweit. Die von Stalin immer wieder geforderte zweite Front (im Westen) wurde mit der Landung der Westalliierten am 6.6.1944 errichtet.

◁ Ordensverleihung (Eichenlaub zum Ritterkreuz mit Schwertern) auf dem Obersalzberg.
In der Halle des »Berghof« zeichnet Hitler am 4.7.1944 erfolgreiche Piloten aus. Zweiter von rechts, Erich Hartmann, mit 352 bestätigten Abschüssen erfolgreichster Jagdflieger der Welt.

◁ Konferenz der Wehrwirtschaftsführer auf dem »Platterhof« (v.l.n.r.: Milch, Speer, Hitler, v. Below, Schaub). Auf Anregung von Albert Speer, dem Reichsminister für Munition und Bewaffnung, hielt Hitler am 4.7.1944 eine lange Rede vor den deutschen Wehrwirtschaftsführern.
Er verbreitete sich darin in seine bekannten Wirtschafts- und Gesellschaftstheorien (von der Überlegenheit des deutschen Soldaten bis zur Bedeutung der Massenproduktion des Krieges als Voraussetzung für eine kommende Friedenswirtschaft) sowie den glorreichen Aussichten der deutschen Wirtschaft nach dem gewonnenen Krieg. Sollte der Krieg aber wider Erwarten verloren gehen, sei alles Überlegen sinnlos. Der Beifall war dünn, die Rede wurde mit kühler Distanziertheit aufgenommen.

Bormann, Hitler und Speer verlassen den »Platterhof«. ▽

Auf dem Kasernenhof der SS-Kaserne Obersalzberg besichtigt Hitler mit seinem Stab und in Anwesenheit von Prof. Focke, dem erfolgreichen Flugzeugkonstrukteur, die Vorführung eines Geschützes für die Gebirgstruppe. 1. Reihe von links nach rechts: Generalfeldmarschall Rommel, General Stieff, Generaloberst Jodl, Generaloberst Zeitzler.
An diesem 7. 7. 1944 sollte General Stieff eine Bombe, die sich im Tornister eines Soldaten befand, zünden.
Wegen der Abwesenheit Görings und Himmlers wurde der Attentatsplan fallengelassen. ▽

Der Hubschrauber Fa 223.
Er wurde von Prof. Focke seit 1938 für die Gebirgstruppe entwickelt und demonstrierte am 7.7.1944 seine vielfältigen Einsatzmöglichkeiten auf dem Obersalzberg. ▷

◁ Ein Offizier der Gebirgsjäger erklärt Hitler eine neue Waffe. Zwischen ihm und Hitler Gesandter Hewel.

Vor dem Eingang zur SS-Kaserne Obersalzberg: Vorführung des Raupenschleppers Ost (RSO) der Steyr-Werke. (mit dem Rücken zur Kamera: General Stieff.) ▽

Hitler besichtigt neue Uniformen für die Gebirgstruppe. Der Soldat in der Mitte (verdeckt) zeigt Hitler einen Tornister (nicht abgebildet). In diesem befand sich die Bombe, die Stieff (1. Reihe, 2. v. links) zünden sollte.
▽

Abschied für immer. Am 14.7.1944 verläßt Hitler den »Berghof«. ▽

Nach dem Attentat des 20.7.1944. Hitler hatte trotz der Verletzungen, die er bei der Explosion der Bombe davongetragen hatte, seinen Freund Mussolini empfangen. Gemeinsam besichtigen sie mit Göring die Trümmer in der zerstörten Lagerbaracke der »Wolfsschanze«. ▷

Claus Schenk Graf von Stauffenberg, der Attentäter. ▷▷

Dieses Bild durfte auf Anweisung Hitlers nicht veröffentlicht werden – deshalb wurde es von ihm eigenhändig an der Ecke abgeschnitten.

Während im Reichsgebiet der Luftkrieg tobte und die Fronten immer näher an die Grenzen rückten, lag der Obersalzberg wie eine unwirkliche Oase des Friedens und der Harmonie inmitten einer grandiosen Landschaft von unberührter Schönheit. ▽

Am 23. 4. 1945 erlebte der Obersalzberg noch einmal dramatische Stunden: Hermann Göring war am 21. 4. 1945 aus dem fast eingeschlossenen Berlin nach Berchtesgaden gekommen.
Göring wollte mit General Eisenhower »von Marschall zu Marschall« wegen Einstellung der Feindseligkeiten verhandeln. Vorher schickte er einen Funkspruch in die bereits eingeschlossene Reichsstadt, worin er Hitler mitteilte, daß er, wenn keine Antwort bis 22 Uhr erfolge, »die Gesamtführung des Reiches übernehmen würde«.
Daraufhin erhielt der SS-Kommandant Obersalzberg aus Berlin einen Funkspruch, der die sofortige Verhaftung Görings befahl. In den darauffolgenden dramatischen Stunden mußte Göring ständig damit rechnen, erschossen zu werden.
Schließlich wurde er von Hitler (auf Betreiben Bormanns) aller seiner Ämter enthoben. Der Öffentlichkeit – sofern sie daran noch interessiert war – wurde mitgeteilt, daß Göring infolge einer schweren Herzerkrankung seine Ämter niederlege.

~~SECRET~~
~~U.S. SECRET~~

NOT TO BE TAKEN INTO THE AIR

Date 5th October 1944

## TARGET INFORMATION SHEET

GERMANY

Op. No. GN 3770 — Place BERCHTESGADEN Nr. SALZBURG — Lat. : 47° 37' N

A.M. No. 3(k)20 — Category LAND ARMAMENTS — Long. : 13° 02' E

D.T.M. No. - — Sub-catgy. Military Establishments — Alt. : 6,050 ft. Target A, 3,200 ft. Target B

ALL PREVIOUS INFORMATION SHEETS AND AMENDMENTS THERETO ARE CANCELLED.

TARGET MAP: STANDARD 1941 (MAGNETIC) TYPE MAP DATED JULY 1944.

DESCRIPTION

(i) The TARGET comprises a complex of two individual targets as follows:-

A. The EAGLE'S NEST on the OBER KEHL ALP

B. WACHENFELS at the village of OBER SALZBURG.

Target A is 2 miles S.E. of BERCHTESGADEN, 13 miles S. of SALZBURG

Target B is 2 miles E. of BERCHTESGADEN, and 12 miles S. of SALZBURG. Both targets are situated in a remote part of the mountainous country lying to the S. of Salzburg. Target A is situated on the extreme top of the Ober Kehl Alp, which is a spur 6,000 ft. high running N.W. from 8,300 ft. high Hoher Goll, which forms the frontier between Germany and Austria. Further S. still, beyond the 6 mile long lake of the Königs-See, is the 8,800 ft. range of the Steinernes Meer.

Neither target is adjacent to any built up area, but to the E. of Target B are several hutted camps.

(ii) Target A, sometimes also known as the "Tea-House", was built by Hitler as an observation post and place of entertainment for guests. It is stated to be inaccessible from the outside, and a considerable part of the building is believed to be buried in the top of the mountain. The approach to the Eagle's Nest is by way of a road (not shown on the G.S.G.S.100,000 scale map) which leads to a point on the mountain side from which a tunnel is driven in to the mountain to a point immediately below the Eagle's Nest itself. From this point a lift rises some 400 ft. to the Eagle's Nest. The building contains kitchens, sitting-rooms etc., but before the war was not normally used as a place of residence. Outside the building, which has six large windows, is a broad covered stone balcony, from which views of the Hoher Göll and the Königs See can be obtained.

Target B is an area containing the Führer's residence, Wachenfels. The area is approached by a winding road from Berchtesgaden and includes extensive barracks and other buildings for guards and servants. The actual Haus Wachenfels is the building marked 1 on illus. 3(k)20/4.

(iii) Target A (See illus. 3(k)20/2) is an extremely small objective apparently measuring about 17 yds. square.

Target B (See illus. 3(k)20/4) is about 915 x 415 yds. with the major axis in an E.N.E. direction. It contains 6 principal groups of buildings of which Nos. 1-3 are residential and No. 1 is the Führer's residence. Nos. 4-6 are respectively a hospital, a garage and a group of S.S. barracks. The area is evidently closely guarded, and some parts of it are surrounded by a substantial wall.

Information is not at present available regarding detailed particulars of Obstructions to low flying attacks in the area of this target complex, and rather than delay the issue of this Information Sheet, this data is being omitted for the present. If this information is required for this particular target, it will be obtained and supplied at short notice on application to A.I.3c(1)

/Attention

A.I.3.c. (1)

TARGET INFORMATION SHEET FOR GN 3770 Dated 5th October 1944 (Continued)

Page 2

Attention is drawn to the difference in altitude between targets A & B., and to the fact that Target B is situated in a narrow valley.

The most conspicuous landmarks are the N/S water area of the Königs See, the foot of which is 2¾ miles S.W. of Target A and 3 miles S.S.W. of Target B: and the mountain range of the Hoher Göll to the SE and S.S.E. of the two targets respectively.

VITAL PARTS

Instructions with regard to aiming points on particular targets are usually given in Operational Orders, but for guidance purposes in the absence of such specific instructions and to assist Planners in considering this problem in relation to other operational factors involved, the following notes are given, the reference being related in all cases to Illustration 3(k)20/2 and /4.

| TARGET | VITAL PARTS | | GENERAL AIMING POINT |
|---|---|---|---|
| | Primary | Secondary | |
| A ill.3(k)20/2 | Whole target area | None | Whole target area |
| B ill.3(k)20/4 | Building 1 | Undetermined | Undetermined |

DECOYS

For all particulars of Decoys refer to "Gazetteer of Decoys" and subsequent amendments thereto as issued by H.Q., R.A.F. Bomber Command.

CAMOUFLAGE

On the basis of the latest available photography dated 3 May 1944 the groups of buildings numbered 4, 5 and 6 on Illustration 3(k)20/4 have been disruptively painted with a tree pattern, with the object of merging the structures into the background of wooded area. Dummy trees have been painted on the slope N.E. of the group of buildings numbered 6, and in the area S.W. of these buildings. The groups of camp huts further up the valley to the E. of the target are also disruptively painted. There is some evidence from photographs of the existence of a smoke screen, but existing cover is not sufficient to complete the layout of the screen.

FURTHER INFORMATION

ILLUSTRATIONS

3(k)20/1 - 1:32,000 scale vertical aerial covering target area and general surroundings.
3(k)20/2 - 1:6,000 scale vertical aerial of Target A.
3(k)20/3 - 1:6,000 scale annotated vertical aerial of Target B. (Cancelled, having been superseded by /4)
3(k)20/4 - 1:6,000 scale annotated vertical aerial of Target B.
3(k)20/5 - Oblique view over Berchtesgaden, looking S.S.W. and showing Target B.
3(k)20/6 - Ground view of Target B, looking S.S.E.
3(k)20/7 - Ground view of Target B, looking W.

A.I.3.c. (1)

△
Seit Jahren sammelten die Alliierten die Informationen über den Obersalzberg. Fernaufklärungsflugzeuge hatten schon Anfang der 40er Jahre Aufnahmen der einzelnen Gebäude gemacht.
Daraufhin erstellten die Auswerter taktische Anweisungen für die Bombardierung des Obersalzberg-Gebietes.
Eine schriftliche Instruktion über Lage und Möglichkeiten der Bekämpfung des Kehlsteinhauses sowie der Gebäude auf dem Obersalzberg vom 3.10.1944 bildete die Grundlage des englischen Bomberangriffes vom 25.4.1945.
Die Alliierten glaubten bis zuletzt, daß der »Berghof« und die Bauten auf dem Obersalzberg Teil einer gigantischen »Alpenfestung« seien.
Nach ihrer Ansicht war der »Berghof«, besonders aber das Kehlsteinhaus (Eagles Nest) die Befehlszentrale für einen deutschen Widerstand.
Viele Deutsche glaubten ebenfalls an das Bestehen einer Alpenfestung.

Bis heute ist nicht nachweisbar, ob Bormann an eine Verteidigung des Obersalzberges dachte – sicher ist, daß im Zuge der Stollenbauten überdimensionale Stollen für die Aufnahme schwerer Kanonen, Panzer etc., unterhalb des fertiggestellten Systems angelegt werden sollten. Ein Stollen wurde bis Mitte Mai 1945 in den Berg gesprengt. Unterhalb des »Platterhofes« befindet sich ein Aufzugschacht, der in seinen Abmessungen zur Aufnahme von Lkw's geeignet gewesen wäre. Dieser Schacht sollte eine Verbindung zu den geplanten Stollen darstellen. Hitler sollte von alledem nichts wissen.

Abb. Seite 254/255: ▷▷
Am 25.4.1945 erlebte der Obersalzberg das gleiche Schicksal, das Deutschland und einen großen Teil Europas in den vergangenen 6 Jahren heimgesucht hatte: die Zerstörung durch Luftstreitkräfte. 318 Bomber der RAF flogen mit gedrosselten Motoren über den Hohen Göll und warfen insgesamt 1811 Tonnen Bomben, den größten Teil auf den Obersalzberg.

HITLER'S
HOME

# Epilog

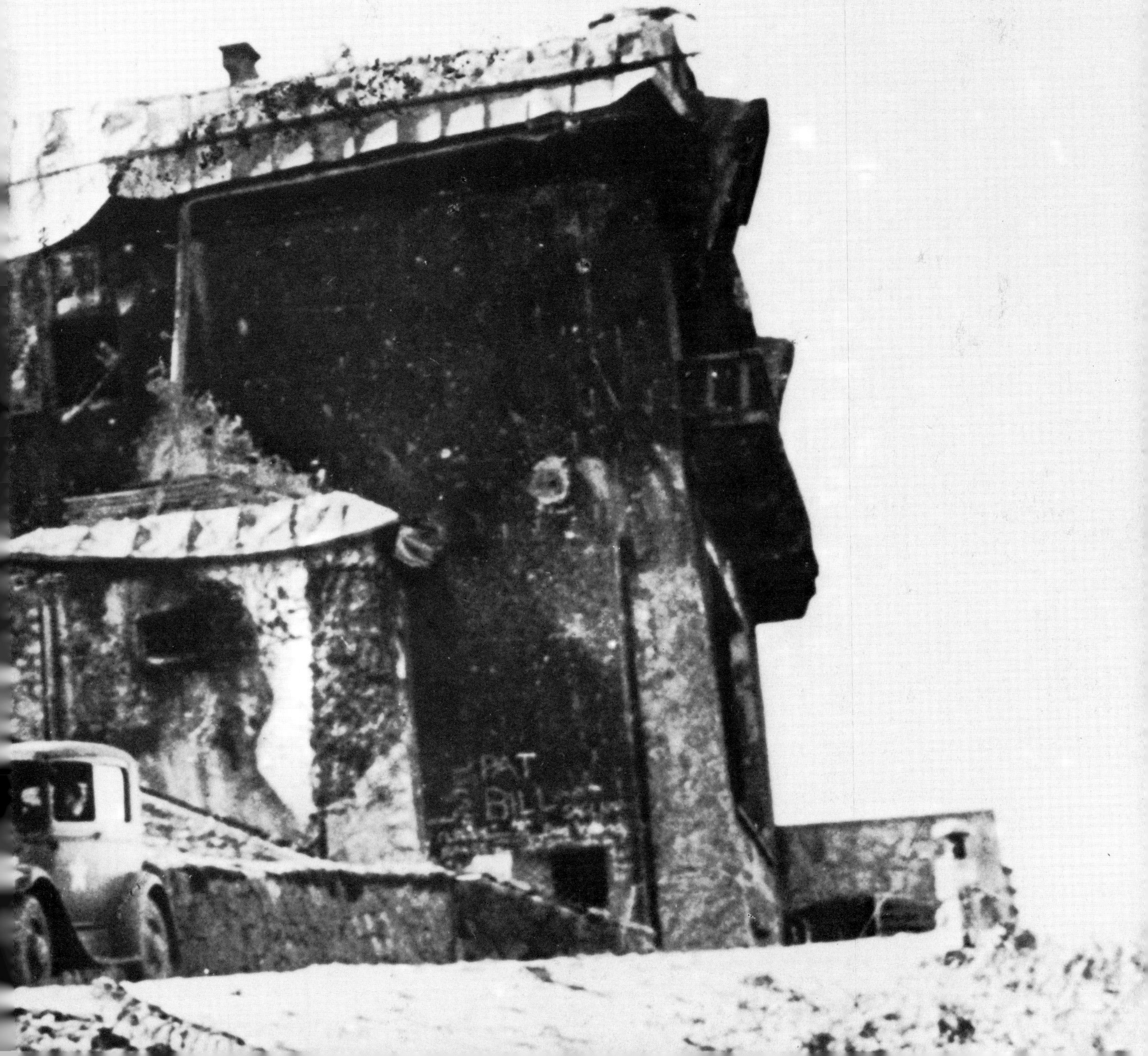

Als Hitler in seinem Befehlsbunker unterhalb der Reichskanzlei die Meldung von der Zerstörung des »Berghof« erhielt, war der Kampf um die Reichshauptstadt in seine letzte apokalyptische Phase getreten.
Die russischen Truppen standen an diesem Tag bereits im Zentrum Berlins.
Hitler diktierte Traudl Junge, einer seiner Sekretärinnen, sein Testament und heiratete in den späten Abendstunden des 28. April seine langjährige Lebensgefährtin Eva Braun. 40 Stunden später begingen beide Selbstmord.

Der »Berghof« war verhältnismäßig gering getroffen. Anders sah es beim Haus Bormann (es wurde total zerstört), der SS-Kaserne, der Exerzierhalle, dem Kindergarten und dem Modellhaus aus. Der »Platterhof« hatte Treffer bekommen, war aber im großen und ganzen intakt geblieben. Der Kiosk vor dem »Platterhof« war total zerstört. Die Siedlungen Klaushöhe und Buchenhöhe erlitten ebenfalls schwere Zerstörungen.
Das Stollensystem hatte den wuchtigen Bombardierungen standgehalten. Nur die Glasscheibe in der Führer-Flugmeldezentrale war in Scherben gegangen. Doch es gab nichts mehr zu melden.

Die Fronten rückten immer näher an das Berchtesgadener Land heran. In den letzten Apriltagen wurde der große Schrank in der Halle des »Berghof« geräumt. Er enthielt hauptsächlich Ehrenbürgerurkunden für Hitler, wertvolle Geschenke einstiger Besucher usw.
Aus Berlin kam Hitlers persönlicher Adjutant, Schaub, und mußte auf Befehl Hitlers alle Privatunterlagen vernichten.
Neben Bündeln von Briefen (von seiner Nichte Geli) waren Zeichnungen (hauptsächlich Architekturskizzen) und persönliche Papiere Hitlers darunter.
Einige Skizzen konnten von Frau Schröder, einer Sekretärin Hitlers, gerettet werden.
Dann wurde den SS-Wachen mitgeteilt, daß die Einheimischen alles, was sie sich aus dem »Berghof« mitnehmen wollten, bekommen sollten.
Das gesamte Mobiliar, Teppiche, Bilder usw. wechselte innerhalb Stunden den Besitzer. Dann zündeten SS-Männer den »Berghof« an. Am Abend des 4. 5. 1945 gegen 18 Uhr besetzten amerikanische Truppen der 101. US-Airborne-Division den Obersalzberg.
Wieder war er Sperrgebiet – diesmal auf Anordnung der Besatzungsmacht.

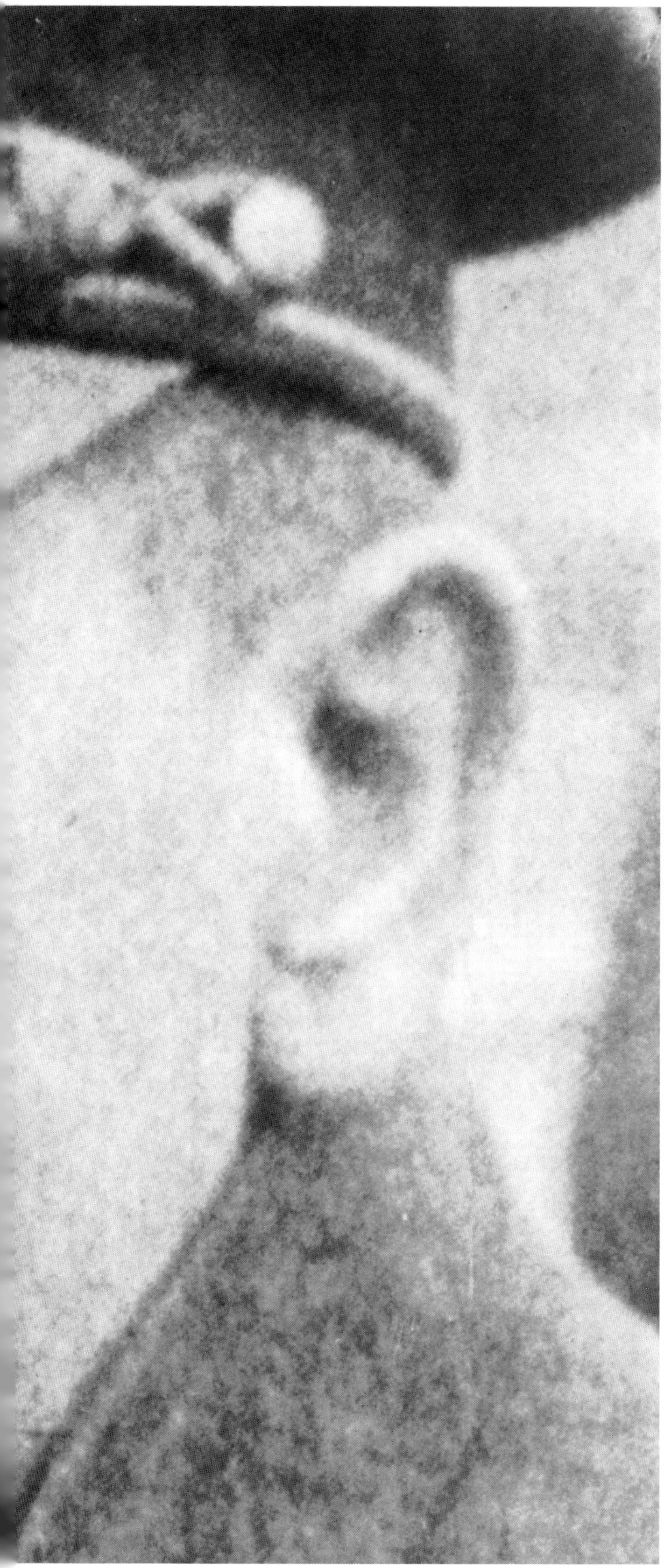

Letztes Foto von Hitler, April 1945.

◁ Schlacht um Berlin:
Hitler und Adjutant Schaub in den Trümmern der Neuen Reichskanzlei.

◁ Finale:
Im Ehrenhof der Neuen Reichskanzlei: Zerschossene Fahrzeuge der Deutschen Wehrmacht.

US-Soldaten besuchen den zerstörten »Berghof«. ▷

◁ Ein amerikanischer Soldat vor dem ausgebrannten »Berghof«.

Der leicht beschädigte »Platterhof« war wenige Tage nach Kriegsende Quartier der US-Militärverwaltung ▽

Das Bormannhaus. Ein Volltreffer hatte das Haus des »Herrgotts vom Obersalzberg« total zerstört. In den Kellerräumen fanden Touristen Berge von Lebensmitteln, Wein und Delikatessen. ▷

Das ausgebombte Fahrerhaus, im Hintergrund das Wohnhaus für die Angestellten des »Platterhofs« und Garagen. In den Hallen standen früher die schweren »Staatskarossen« Hitlers, jene gepanzerten Mercedes-Wagen, die Hitler für seine Fahrten zur Verfügung standen.
Kurz vor Bombardierung des Obersalzberges waren die Wagen in der Nähe von Berchtesgaden versteckt und dann den einrückenden Amerikanern übergeben worden. ▽

◁ Ein Stolleneingang auf dem Obersalzberg. In den Kavernen wurden unzählige Dokumente gefunden. Die Einrichtung fand reißenden Absatz bei Souvenierjägern.

Das zerstörte Landhaus Görings. Mehr noch als die Bombe, die das Vorderteil des Göring-Hauses getroffen hatte, beschädigten Plünderer das Landhaus. ▽

◁ Symbol der Vergänglichkeit. Vor der Ruine des »Berghof« ragen die Reste eines beim Bombenangriff zerstörten Baumes anklagend in den Himmel.
Knapp zehn Jahre nach dem Richtfest war der »Berghof« ein Abbild der gescheiterten Hoffnungen, Pläne und Illusionen.

Der Untersberg durch das Fenster des zerstörten Berghof.
Das »Tausendjährige Reich«, dessen Symbol der Untersberg ist, war nach 12 Jahren untergegangen. ▽

# Bildnachweis

Ernst Baumann, Bad Reichenhall (30)
Heinrich Hoffmann, Zeitgeschichtliches Bildarchiv, München (156)
Bundesarchiv, Koblenz (12)
Bayerisches Hauptstaatsarchiv, München (5)
Dr. A. Priesack, München (8)
Hanns Hubmann (2)
Imperial War Museum, London (1)
National Archives, Washington (2)
Alle übrigen Abbildungen aus den Archiven des Autors und der Buchverlage Ullstein/Langen Müller

Vorsatz vorne und hinten:
Der Obersalzberg vor und nach der Bombardierung am 25. April 1945 (National Archives, Washington)

# Archive

Bundesarchiv Koblenz
Bayerisches Hauptstaatsarchiv
Bayerisches Staatsarchiv
Bayerische Staatsbibliothek
Institut für Zeitgeschichte, München
National Archives, Washington
Library of Congress, Washington
Munin Verlag, Osnabrück
Biblio Verlag, Osnabrück

# Danksagung

Danken möchte ich an erster Stelle meiner lieben Frau Margit, die während meiner Arbeit an diesem Projekt viel Geduld bewiesen hat.
Dieses Buch entstand aufgrund umfangreicher Nachforschungen und Befragung von Zeitzeugen. Besonders bedanken möchte ich mich bei Frau Prof. Gerdy Troost, Frau Arch. Fick-Büscher, Herrn Hans Schwaiger, Herrn Dr. Bernhard Frank, Herrn Dr. Noris, Herrn Dr. Michahelles, Herrn Hegeler und Herrn Dr. Priesack.
Den Herren Ernst Baumann (†) und Heinrich Hoffmann (†) danke ich dafür, daß sie mir ihr umfangreiches Bildarchiv zur Verfügung gestellt haben.
Für die geduldige und richtungsweisende Erarbeitung des Konzepts bin ich Herrn R. von Zabuesnig zu Dank verpflichtet.

# Personenregister

Der Name Hitler wurde nicht in das Register aufgenommen.

2. überarbeitete und erweiterte Auflage, 1992


Reproduktionen: GKM Media Repro Service, München
Satz: Fotosatz-Service Weihrauch, Würzburg
Gesetzt aus der 9 Punkt Times, System Berthold
Druck und Binden: Gorenjski tisk, Kranj, Slovenia
Printed in Slovenia 1992
ISBN 3-7844-2047-8